U0106505

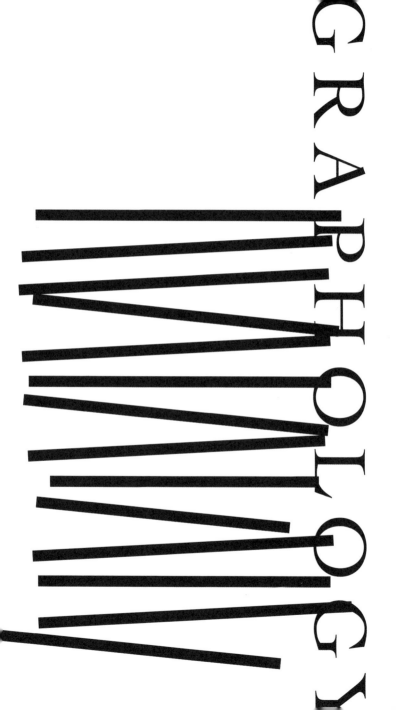

你有多久
沒寫字？

林婉雯

著

原來筆跡能反映你的個性！

序一

當林婉雯女士（Maria）來電請我為她的新書撰寫一篇序時，我突然感到一份興奮及欣慰，原因是與作者間斷的接觸已有二十五年多之久，而我們的相遇來自二十五年前的理工大學一個校外課程，主攻如何透過有效的表達能力創造一個更豐盛的人生，她當時已是我的一位高才生了！

到今天，除了在本科會計學，及工作成就上取得莫大的驕人成就外，Maria 更成為一個嶄新領域上舉足輕重的專家！在這「筆跡分析師」的地位上，她是極為求知者推崇的實力派偶像！

「筆跡分析」對我來說是一門非常新穎的學問，在閱讀原文時，我整個人都興奮起來。因為書中所探討的內容，不但吸引及能惹起讀者的興趣，更是一本啟迪心靈智慧的優秀書籍！

書本內容充滿着深入的研究、分析、報告及活學活用的價

值，打開閱讀者的心靈及心扉，更加深了解人性內涵與美善的奧秘！而我深深覺得，這不只是我們需要擁有的額外知識，這簡直是我們不能缺少的學問！若果可以有明白他人行為及個性的能力時，這足以協助我們建立一個更好的核心朋友圈，可以大大提升與他人緊密相處的能力！現今社會一切都講求互動之人脈網，我們更需要有閱讀他人潛在能力的本領，令我們生命更加豐盛及滿足！所謂可以被人理解及更理解別人這個本領實在是不可缺少的！

翻開 Maria 新書的首數個章節時，你會發現當中充滿邏輯的思維及作者在這個方面的獨特眼光，例如原來一個英文字可以分為三部分，而這三部分正正會令我們理解到生命及生活需要的是平衡與和諧！

相信我們做父母的，一定會聽過以下這句說話：「孩子就像一張『白紙』！」而周邊的人往往讓他們聽到及體會到不少的事物，成為他們生命的財富及檢測標準！筆跡正正代表一個人，在不同的環境下與不同人相處的態度及處事方式、想法和反應。既是如此，筆跡分析的工作就是從旁協助，從你的筆跡解讀你的人生，又或是讓你輕鬆自如地了解夥伴朋友的不同處事態度、背後的原因，好讓你調整生活及溝通策略，促進人和事關係之協調！

從書中除了學到其中的知識及理論，我們更可以進一步清楚這門學問的源流！筆跡學起源於一六〇〇年代的歐洲、北美洲，到近年慢慢傳入我們的祖國，叫我們的知識更加豐富！在二〇一八年的十月，中國舉辦了一個筆跡研究高峰會，那時內地不同的省市派出專家參與，而鄰近的台灣及香港也有專家們參與高峰會！高峰會部分主題包括如何透過筆跡去挑選更加恰當的新員工等，正正是很多僱主的焦點所在，因為知己知彼可以百戰百勝！招聘理想的人才，才可以把理想的生意做好！

另外，書中還比較各項電腦輸入法及手寫的方法。毋庸置疑，各項電腦輸入法的確增加工作效率與準確性，然而手寫文字有數千年歷史，難道有這麼容易被取替？現時有部分國家容許學生使用電子輸入方式，引起很多筆跡專家去信反對，他們認為寫字始終是一項訓練腦部機能的運動，對小孩發育而言是絕對不能缺少的。

曾經有一個教育廣告的標語是：「聽聽孩子心底話。」現在家長正好可以透過筆跡分析這門學問，透過子女書寫的文字了解他們的想法，加深與下一代的「上下溝通」！而這一份知識及功能，足以讓家長們學習，為家庭創造新一輪的和諧，拉緊兩代之間的距離！

書中其他關於筆跡分析的內容均為很引人入勝的題材，相信大家一定會很有興趣去探討及研究！

最後，我要衷心感謝 Maria 精心設計內容及無私分享她的意念，將這些知識寫成一本不可多得的好書！

人類工程師張錫豪博士
二〇一九年五月寫於香港

序二

Maria Lam was a diligent and excellent student with the British Institute of Graphologists and is now a qualified graphologist. Since then she has promoted graphology throughout Hong Kong and further across the world and set up a group of students who can benefit from her ability to pass on her knowledge.

The British Institute of Graphologists appreciates the way that she takes her enthusiasm into business and is happy to be able to encourage her in promoting graphology all over the world. In recognition of her achievements, in 2019 she received a Special Award from the B.I.G. for Services to Graphology.

Elaine Quigley
Chairman of British Institute of Graphologists
London 2019

序三

It gives me great pleasure to introduce this book written by a graduate of the British Institute of Graphologists, Maria Lam. The B.I.G. attracts members from around the world and we are grateful to Maria for publicising some of the services that the B.I.G. has to offer. We look forward to welcoming more members from Hong Kong and China as a result of the interest in graphology and handwriting that I am sure will be generated by this book.

Graphology is the study of personality through handwriting, which differs from person to person as individual traits are reflected in the various ways they alter the writing style that was taught. Because these changes happen naturally over time, without thinking, they unconsciously reveal personal preferences and characteristics. Analysis of these original features and interpreting what they signify in terms of personality traits is what graphology is all about. It gives insight into people's strengths and weaknesses, their emotions, fears and ways of compensating and what motivates them, so gives us the means to understand each other better. This is the incentive we have to learn the scientific process of analysis and the art of graphology!

Maria Lam began her graphology studies with me many years ago. Working through a detailed and complex graphology course is a challenge even at entry level, but to do so in a foreign language is a tribute to her intelligence and perseverance. The British Institute of Graphologists has a rigorous examination system and to gain our diploma qualification M.B.I.G. (Dip) a student must pass six examinations, which will normally require a minimum of three years' study. In Part 1 students learn how to do graphology: the technical method of analysis and interpretation of handwriting features. In Part 2 psychological theories of personality are related to graphology to increase depth of understanding. In Part 3 students learn how to use graphology effectively in specific situations such as for recruitment, careers or compatibility. Maria applied herself to these studies with commitment and determination, proving herself to be a very capable student by the quality of her work and excellent results.

Having already acquired a high level of skill and professional competence in the fields of business as well as applied psychology, Maria is able to integrate her knowledge and experience in these different areas with her graphological expertise. She is multi-talented with an extraordinary range of skills, and this unique combination of personal qualities and abilities makes her an exceptional graphologist.

As a result the scope of her book is impressive, with a wide variety of topics relating to handwriting and graphology. These range from recognising how life events can leave their mark on handwriting, to practising calligraphy to calm the mind and finding out how to become qualified as a handwriting analyst. Dispelling myths associated with graphology, she addresses the question of the relevance of handwriting in a digital age and shows how, with some simple skills of analysis, you can find out what a signature says about someone. She then discusses some other ways in which the analysis of handwriting can give helpful insight, such as with children, career advice, personal relationships or in therapy.

In this book about handwriting and graphology Maria Lam touches on so many subjects that are relevant to our lives today that it should be of great interest to any thoughtful person.

Ruth Rostron
Education Officer of the British Institute of Graphologists
Manchester 2019

自序

今次為自己的書寫自序,感覺跟寫專欄很不一樣。至少執筆寫書的概念,並不曾在我生命中,出現過或計劃過,在此特別感謝各方好友的提醒,啟發了自己出書的念頭,讓大眾有機會接觸到筆跡學的資訊。

回想最初接觸筆跡分析時,只是本着一夥好奇的心,寫了一篇英文字於一張 A4 紙上,寄給一位已年過八十歲的英國筆跡專家,讓她替我做分析。當我收到分析報告時,我覺得好驚訝,在雙方素未謀面的情況下,她居然能夠說出我的個性、才智、興趣、成長經歷,以及父母的關係。當中她亦提醒了我,一些已發展及未被發掘的才能,最重要的是我兒時想過的,但又已經遺忘了的想法,這讓我重新認識自己,重拾初心。說真的,我已在社會上打滾了不知多少個寒暑,到了這個年紀,重新開始一個全新的專業,還可以嗎?既是主意已定,就往前大步走,有幸在學習的路途上,遇上我的師傅 Ruth Rostron 女士,她告訴我要成為一個優秀的筆跡專家,是需要有相當的閱歷,方能明白人心。在我研習筆跡

學的路途上，讓我重新認識人生，生命是可以更豐盛與和諧的，所以我希望有更多的人能夠認識到筆跡學，讓往後的人生活得更精彩。

我本身是一個土生土長的香港人，接受傳統的教育，年少時候並無特別想過要做甚麼理想工作，只是哪科多人報讀又取錄我，我就讀哪科。最終我修讀了會計，經過一番努力後，成為了上市公司的 CFO，在很多人的眼中尚算成功。但我總覺心裡有種不能解釋的 unfulfilling 感覺，我在想，未來的幾十年，就是這樣嗎？在收到了英國寄來的個人筆跡分析報告後，我便決定修讀筆跡學及心理學，並考取英國執業筆跡專家的資格，展開人生的另一頁。

在我為客戶做不同筆跡分析報告的時候，我看到成長過程中的經歷，足以影響到往後所面對人和事的想法、態度、行為、品格及待人處事的方式等。我又發現很多在成年人時期，不能避免地要面對那些困足難行的局面，其實這些問題早已源於孩童時期，這可能是父母的管教方式與小朋友的性格未能互相配合，又或是生活突變，以致對事物與人事的看法並未能與行為相調和所致。我覺得若有更多人能早一些認識筆跡學，及早在問題未發生前已解決，將來所行的路豈不是更康莊無阻？

筆跡其實是身體語言及生活的一部分，每人都有與生俱來的能力去分析筆跡，例如我們會說這些字很工整秀麗。在招聘人才的時候，對於應徵者的字，多喜歡寫得比較清楚及整齊的人，在日常生活中，或多或少也有機會接觸到不同的字跡：做功課、做會議記錄、寫便條、管理階層每天也簽了不少文件……我自己的看法是，透過筆跡分析，大家可以在極短的時間內，運用簡單的技巧，大約了解到身邊不同人的性格傾向，從而更有效地溝通，促進人與人之間的關係，很多時侯，溝通上出現的問題，多是因為真我個性與預期印象並不相同，以致產生誤會，通過對筆跡的認識，在互相遷就下，可避免一些不必要的爭執，改善人與人之間的關係。

在生命裡面，我們會面對不同的轉變，筆跡亦會跟隨我們一同成長，隨着時間轉變，於不同的階段，字跡或會變得不一樣。譬如小時候，學寫 Copy book 的字；青少年時代，會模仿偶像的簽名；到加入職場，字跡式樣又或會因不同的工種訓練下，寫出獨特的式樣；再到年紀大些，也可能因為健康狀況的改變，所寫的字變得不穩及無力。其實筆跡串連了我們的一生。

坊間或會因此而對筆跡學有點誤解，不少人把筆跡學列為命相方法的一種，為此，我特意在這書上解說筆跡學的源由與在國際上的專業認受性，以及科研上的方向，好讓各位更深

入了解這行業，希望更多有志之士參與其中，一同推廣筆跡專業。

這本書能順利出版，我非常感激曾經幫助、提點、啟發、鼓勵、支持我的朋友，使我在一個全新的專業領域上有所發揮。在此，我要衷心感謝我的老師 Ruth Rostron 及 Tracey Trussell、The British Institute of Graphologists 的主席 Elaine Quigley、張錫豪博士、張崇德老師、Windy Yuen、Berenice Ng、Catalina Cheng、Andy Wong、Tom Chan、Sally、Chris、Olivia、Carmen、Victor 及 Angela，首批參加專業考試的學生 Yan Tong、Gladys Li、Catherine Tam 及 Jessica Lam，以及各大傳媒：e+ 娛樂、《經濟日報》、《信報》、TVB、新城電台、商業電台、RTHK31、*PressLogic Business Focus*、*Recruit* 及香港 01。此外，要特別鳴謝《都市日報》的支持，以及三聯書店（香港）有限公司各部門同事的協助，讓此書得以完成。最後要感謝無條件支持我的父母及家人。

林婉雯
二〇一九年五月寫於香港

目錄

第一章 **筆跡探究**

第二章 **執筆寫字**

筆跡探究

筆跡分析的工作，
就是從旁協助，
從你的筆跡，
解讀你的人生。

筆劃人生

文字的出現，最初是為了方便溝通，人們為了向別人表達他們的想法，於是將親眼見到的事或物，以描畫的方式記載下來，所以，早期的文字主要以圖像或符號的方式呈現。只是到後來，人與人的交往與接觸多了，要表達的訊息往往較複雜，出現的圖像或符號越來越多，並不方便記憶與書寫，於是整個文字系統，漸漸趨向以拼音為主（表音文字）或以圖像為主（表意文字）兩個大方向發展。

西方國家大多採納拼音模式，以配合說話時應有的讀音，不同字母從左至右的線性順序安排（linear arrangement），組成不同的字詞。

在筆跡學的研究道路上，系統化的分析多以西方文字為主，初學筆跡學的學生，首要學習的課題，除了字的大小以外，就是將字形劃分為上中下三個部分，我們稱之為「區域」（Zone），不同區域代表不同意思。很有趣地，這三個不同的區域分別地投射在人體上，等同將一個人分為三個部分，即頭部、身軀及腳三個不同的區域，頭部的主要部分是腦袋，所以上區域代表與思考相關的事情，例如個人的理想；身軀是身體的主要機能，代表了處理日常的能力；腳是用來四處走動，所以代表了執行能力。要解說筆跡，講求的不是寫得好與不好，又或是醜與美，我們關注的是比例是否相若，那就是生活是否達至平衡及和諧。

上區域
upper zone

中區域
Middle zone

下區域
lower zone

每個字母可分三個區域，就等同將一個人分成頭、身、腳三個部分。

就如圖中所述：既然每一個手寫字母代表了每一個人，不同字詞的組合，各有着不同的意思。在生活上，我們每天都會遇上不同的人，有的是朋友，有的是工作上的夥伴，亦有很多是在街上擦肩而過的路人，當然也有身邊的家人，與不同人的相遇與交流，製造了生活的點滴與經驗，記錄下來，是一篇一篇的生活故事；同樣地，透過筆尖，將每字每句逐一寫在紙上，從字母到詞語，從詞語再組合成句子，然後將不同的句子組合成段落、文章，寫出不同的故事，全記錄在一張白紙上。

我開始明白「孩子是一張白紙」這句俗語，不過續後一句「上面畫些甚麼，要看父母」，我倒是不太認同，既然白紙代表了人生，未開始寫字或剛開始寫字時，應是孩童年代，然後慢慢地遇上不同的人與事，在紙上一一寫上，那是成長的印記。要知道執筆寫字的並非任何人，而是你自己，掌控着手上的筆桿，將筆尖上的墨水，一點一滴印在白紙上，成就了你的人生。

作為筆跡專家的我，面對着不同的手稿，要觀察的並非是單一的字形或筆劃，還要看寫字的力度與紙上的空間運用，例如行距、字距，甚至乎字母間的距離，同樣重要，其中的原

因是這一切正正代表一個人，在不同的環境下，與不同人相處的態度及處事方式、想法和反應。既是如此，筆跡分析的工作，就是從旁協助，從你的筆跡，解讀你的人生，又或是讓你更輕鬆自如地，明瞭夥伴朋友的不同處事態度，以及背後的原因，好讓你能調整生活及溝通策略，促進人事關係之和諧。

筆跡洩密

筆跡、筆識。由從不認識到從「筆」認識，大家可在不着痕跡、不動聲色的情況下，簡單地了解一個陌生人，古希臘哲學家亞里士多曾經說過：「字跡與人聲同樣獨特。」（Spoken words are the symbols of mental experience, and written words the symbol of spoken words. Just as all men have not the same speech sounds, so all men have not the same writing.）中國明代書法家項穆於《書法雅言》亦提及「人心不同，誠如其面，由中發外，書亦云然。」書寫行為是由腦部發出指令，通過視覺、語言、記憶與手部動作協調，產生個性的字體，我們寫字時，只在意書寫內容，並未想及筆跡樣式，然而大腦卻透過小肌肉的控制，偷偷地透露了我們獨特的「個性密碼」。

Graphology，筆跡學，原身是一個希臘古字 Grapho，意思是從手寫筆跡及圖形去演繹筆者的個性，十八世紀時，法國的著名傳教士兼考古學家 Jean Hippolyte Michon 將筆跡分析研究定義為學說，Graphology 筆跡學這字就此誕生。

筆跡學在西方的研究已有數百年歷史。早從古希臘時代開始，已有談及筆跡，只是一直以來，並沒有正式的文獻記載，直至一六二二年，意大利的一位大學教授、哲學家巴爾迪（Camillo Baldi）根據過往有關筆跡學的不同說法，系統地建立了書寫者的性格與其筆跡的關係，寫成《根據字跡判斷書寫人的性格和氣質》（*El lenguaje secreto del rostro*）。書本出版後數年，Baldi 教授因年紀老邁而過世，在他死後約一百年之間，並未見有其他人將筆跡學傳承，又因筆跡學是從筆跡解說書寫者性格，為街頭藝人所愛，這些藝人走訪不同貴族城堡的派對，為貴族表演的同時，加插同場分析手稿，以輕鬆手法，為參與派對的貴族進行性格分析，甚獲貴族們喜愛。

之後，筆跡學說輾轉傳到法國，約一八三〇年，一批傳教士對筆跡學進行深入研究。由於教會有大量信徒，他們從教會信徒入手，因而建立了龐大的性格與筆跡的資料庫，為筆跡

分析初步建立有系統的分析方法。於十九世紀初，法國成為世界上第一個成立筆跡分析專業公會的國家，並與專業人士聯手，包括醫生、心理學家、研究學者等，進行多方面的研究，當中較為著名的是比奈（Alfred Binet），他是一位始創智力測試的法籍心理學家，他的研究結果確認了筆跡能反映一個人的智力狀況。

在差不多時期，德國有一位醫生及心理學家普雷耶（Dr. William Preyer）着手研究簽名與筆跡的關係，其研究顯示了簽名與筆跡並不完全相同，簽名表達了書寫者對自己的看法，以及書寫者理想中的自己。換句話說，簽名表達了書寫者希望其他人怎樣看待他。往後筆跡學在德國的發展，是由精神科醫生邁耶爾（Dr. Georg Meyer）及哲學家克拉格斯（Dr. Ludwig Klages）共同將筆跡分析，演變為量化的分析技術，而 Dr. Ludwig Klages 亦為筆跡學創立了「德國理論學說」（German theoretical school），成為一套完整而有系統的筆跡分析工作藍本，Dr. Ludwig 更被譽為現代筆跡學之父。

往後的日子，第二次世界大戰開始爆發，傷兵越來越多，有的可能因為戰事而失去手部功能，有的只剩一隻手，有的雙手全失，為此 Dr. William Preyer 以失去手部功能的士兵為

對象進行一段長時期的研究，他發現失去手部功能的士兵為了溝通與記錄訊息，他們用盡各式各樣的方法，包括用口或用腳執筆寫字，寫出來的字的基礎字形與空間使用，與他們未傷殘時期所寫的手稿十分相似，於是他確定了執筆寫字這活動的控制與所寫的字形，並非由手部控制，一切執筆寫字的操控都是源自腦部。因此，寫字其實是腦部向外界透露訊息的行為。

由於第二次世界大戰，歐洲各國的學者為了逃避德國納粹軍的追捕，結果輾轉逃往英、美等地，筆跡學得以在西方更廣泛地作商業化流傳。

約於在上世紀八十年代，美國國會圖書館將筆跡學分類為診斷式筆跡學、人事管理筆跡學及筆跡鑑證三個類別。

走在國際的

筆跡專業

讓筆跡學走上專業的發展，法國可說是啟導者。

世界上第一個筆跡學專業公會──Société Française de Graphologie，就是於一八七一年在法國成立，並於一九〇一年獲法國政府認可。公會會員大多為知識分子與專業人士，較著名的有多位諾貝爾獎的得獎人，包括研究量子理論與電子波動性的物理學家路易‧德布羅意（Louis Victor de Broglie）一九二七年諾貝爾文學獎得主及哲學家亨利‧柏格森（Henri Bergson）、及研究免疫學而獲得一九八〇年諾貝爾生理學與醫學獎的得主讓‧多塞（Jean Dausset）。除了 Société Française de Graphologie 之外，法國亦有其他筆跡學專業公會，着力在不同的範疇，例如筆跡治療（Graphotherapy）。

法國是使用筆跡分析最多的國家，大約八成在法國的機構，都會用上筆跡分析作為招聘的工具，法國司法部門亦接納筆跡分析作為呈堂證供。

此外，德國亦是很早發展筆跡學的國家，德國的各所大學，包括在薩克森州、人稱歐洲其中一所最古老的大學萊比錫大學（Leipzig University）、在弗萊堡的弗萊堡大學（Albert-Ludwigs-University Freiburg）及於慕尼黑的慕尼黑大學（Ludwig-Maximilians University），均於其哲學系、精神科學系、心理學系、醫學系及犯罪學系等教授筆跡學。德國心理學會（Berufsverband Deutscher Psychologinnen und Psychologen）將筆跡專家分類為醫學及環境心理學家。

筆跡學在意大利的發展較遲，教育部於上世紀九十年代才正式認可筆跡學，當地各大專院校自此可將筆跡學加入院校不同學科及研究當中，包括社會學、心理學、犯罪學等。在羅馬的瑪利亞自由大學（Lumsa University）及羅馬第三大學（The University of Urbino）亦開辦筆跡學相關課程。

在西班牙，筆跡學是學者從法國傳承而來的，西班牙政府對筆跡學甚為支持，並於上世紀九十年代，將筆跡學認定為一

門專業，認可於法庭使用。現時巴塞隆拿大學（University of Barcelona），開設了由文憑至碩士程度的筆跡學課程，分別研讀歐洲筆跡學及法學筆跡學。除大學程度課程外，西班牙的筆跡專業亦分別有四個不同的公會。

瑞士的情況由兩個不同的專業公會作主導，Société Française de Graphologie 早於一八七一年成立，主要推廣筆跡學，並舉辦專業試及國內外的筆跡研討會，作知識交流；另一公會 Société Romandede Graphologie，於上世紀九十年代才成立，主力教授及研究書寫復康治療（Graphotheraphy）。

荷蘭的筆跡專家公會（Nederlandse Orde van Grafologen）成立於一九二六年，為皇室認可，會員多為精神科及神經學科的醫生或教授。他們關注執筆書寫的重要性，推行「國際手寫日」的運動，並去信海牙政府，要求將手寫列入小學教育，設立獨立學科，可見手寫對學童成長身與心的重要性。

不同國家的公會，也有專業考試，讓有興趣加入行業的人士，接授筆跡學的專業培訓及評核，不過門檻最高的國家，可說是以色列。Society for Scientific Graphology 成立於一九七七年，除以色列人外，會員還包括來自法國、德國及

瑞士的專家，這公會追求的是從科學觀點出發，以量化角度，解釋筆跡學。他們認為，不論從醫學、心理學或法學角度上，以有效的科學程序去解釋筆跡學尤為重要，科學技術的演進，配合以不同的歸納演繹法或心理測量方式等，驗證不同的假設，讓筆跡學更加專業與科學化，就此，大家大抵已能想像這公會對學生的入門要求了。能加入參加專業考試的學生，必須擁有專業學科的學士學位，並且已修讀精神病理學及人性行為理論，這只是基本的申請條件，而我可告訴你，他們大部分會員都擁有超過一個專業的學位。

但大家也不必過於擔心，以上各國均以自己國家的語言為主要學習媒介，除非各位熟悉當地語言，否則也只能朝英語為主的國家進發，鑽研筆跡學。

在美、加等地，各有大小不同的公會組織，為的是推廣專業教育與國際交流，並保障會員權益，在之前一章，我曾提及過，有文獻記載的筆跡學，源於德、法、歐洲等地，而法國與德國所建立的一套筆跡分析系統，亦傳往歐洲以外的地區，美、加亦是其中一分子，較大的公會有美國筆跡分析基金會（American Handwriting Analysis Foundation），公會會員有很多國際知名的筆跡專家，並作定期交流。而美國政府

的中央情報局（Central Intelligence Agency, CIA），亦有筆跡分析部門，多招聘筆跡專家，加入 CIA 協助調查案件。

在十八世紀，由逃往英國的歐洲難民，當中包括歐洲筆跡專家，將筆跡學傳入英國。他們在英國教授筆跡學，其中辛格（Dr. Eric Singer）是現代筆跡學之父 Dr. Ludwig Klages 的門生，教授的是「德國理論學說」。

而當時有不少英國的作家及藝術創作者，對筆跡學甚為着迷，較著名的有皇家藝術研究院的其中一位創始人托馬斯·庚斯博羅（Thomas Gainsborough），當年的 *The Strand Magazine* 月刊亦曾刊登有關筆跡分析的專題。

在英國有兩個不同的公會，分別是英國筆跡學會（The British Academy of Graphology）及英國筆跡專家公會（The British Institute of Graphologists）。

英國筆跡學會於一九八五年成立，創辦人為尼佐斯（Renna Nezos）女士。Nezos 女士在法國鑽研筆跡學，學成後將所學的筆跡分析方法出版成書，並在英國教育學生，設計出專業考試模式，分基本文憑與高級文憑。基本文憑是筆跡分析

技巧，高級文憑是筆跡分析應用，考試分筆試和口試，筆試是四小時的分析考試，筆試完成後，才可進行口試。課程於英國教授，近期亦新增了遙距課程。

英國筆跡專家公會由希利克（Francis T. Hilliger）於一九八三年成立，Hilliger 先生師承 Dr. Eric Singer，並參照「德國理論學說」，訂立筆跡分析的程序、方式與標準，名為「Hilliger 評核指引」。這指引成為英國筆跡專家公會文憑試考試大綱的基本，公會文憑試分三部分，第一部分是基本技巧，第二部分是心理與筆跡，第三部分是實際應用，每部分有兩次考試，完成三部分共六次考試合格，才可成為合資格的筆跡專家。

兩個公會定期會舉行季度研討會，同時亦參與協辦國際性的筆跡學學術會議，較近期的是在英國劍橋大學舉行過的國際筆跡學學術研討會（The International Graphological Colloquium）。

而於一九八八年成立的國際筆跡學學術研討會（The International Graphological Colloquium）是一個由專業筆跡專家組成的國際聯盟，推廣以科學驗證方式為筆跡學建立量

化的基礎。自一九八八年起，這組織於不同的國際城市，包括加拿大蒙特利爾及魁北克、西班牙巴塞羅那、意大利佛羅倫斯及烏爾比諾以及英國劍橋等，舉行過十多次大型的國際性學術會議，當中有超過七十個國家的筆跡專家及對筆跡學有興趣的人士參與其中。

英國筆跡專家
公會

邁向專家之路

筆跡專家其中一項工作，就是將我們的「個性密碼」解讀出來。究竟筆跡專家用甚麼方法去解讀？又怎樣受訓成為一個筆跡分析的專業人員？

前文曾談及英國筆跡專家公會（The British Institute of Graphologists）早於上世紀八十年代開始提供專業培訓，學員須於公會文憑考試合格，方能成為合資格的筆跡專家。我是英國筆跡專家公會的畢業生，就正好與各位分享過來人的經驗。

想成為合資格的筆跡專家，必須先成為會員，而會員分三類：一是公會文憑考試已經合格的筆跡專家，二是對筆跡學有興趣人士，三是想成為筆跡專家的學生。第二類人士可收到公會資訊、參加講座與研討會，但並不能參加文憑試，所以要考文憑試便要成為學生會員了。

考試是有指定大綱與課程藍本，整個文憑考試分三部分，第一部分是基本的筆跡分析技巧，主要是眼睛的訓練，即是說怎樣從手稿上找出特徵，與公會所訂的標準指引作比較與分析。完成第一年的基本訓練後，就可以參加一年一次的考試，考試分兩份卷：1A 卷是在家中進行，學員要在四星期內完成兩份指定的筆跡分析報告，交回公會；1B 卷是在試場進行，學員要在三小時內在試場環境完成一份筆跡分析。

第二部分是分析筆跡與心理的關係，那是從手稿看出書寫者的心理狀態、習慣與行為背後的原因、成長經驗、家庭關係等等。要知道人類與生俱來就是複雜的動物，矛盾總難免，筆跡專家會試圖從手稿上找出端倪。同樣地，完成第二部分也要通過兩個考試：2A 卷亦是在家中進行，學員要在六星期內完成兩份各二千字的筆跡分析報告；2B 卷是在試場進行，是三小時的考試。

最後，第三部分是實際應用，包括了從兒童成長至成人當中的各項需要，例如招聘、伴侶配對、團隊健立及爭議的解決、個人才智與合適職業等等，同樣分兩份卷：3A 卷學員要在六星期內完成三份達專業程度的報告，即是模擬你已經是一位筆跡專家，要為客戶而做報告；3B 卷也是三小時的考試，以我過往參加不同專業學會考試的經驗，這個考試最困難的，是要與時間競賽，因當中涉及了大量的分析，快而準又夠深入是必須的。我曾問為甚麼一定要在三小時內？為甚麼要處理大量的情況？他們的回應是：現實就是這樣，只有真正的專業，毋須左思右想而即時能做到，才叫專業，這是必須的基本要求。

此外，公會的文憑考試直到現在仍是採納師徒制的，就正如公會的創辦人 Francis T. Hilliger 先生是師承 Dr. Eric Singer，而現代筆跡學之父 Dr. Ludwig Klages 又是 Dr. Eric Singer 的老師，那麼怎樣找一位合資格的老師呢？所謂合資格的老師，其實是已考獲文憑的筆跡專家，各位提供教學的「師傅」，會通知公會，並將詳程及聯絡方法，列於公會網站內（https://www.britishgraphology.org），供有興趣參加文憑考試人士查詢。

筆跡分析的基本技巧

或許你會好奇地很想知道，所謂的基本技巧是學些甚麼呢？

Dr. Ludwig Klages 在創立「德國理論學說」之時，考慮到筆跡本身，是個人性格的演繹，而當人置身在不同時間及環境下，面對不同的人與事，性格上或會有不同的轉變，甚至產生各類矛盾。這雖然是正常不過又合理的事情，但這或令人與人之間的交往，變得難以理解，Dr. Ludwig Klages 考慮到各方面的因素，以全面方式的方法（holistic method），建立分析筆跡的系統。

在全面方式下，筆跡的模式與單一性格特點，並非一對一掛鉤，即是說，我們並非簡單地看見一個人寫在紙張上的字很大，而認定他是一個很外向又很需要被關注的人，我們要從書寫者所寫的字，找出其他更多不同的筆法，去印證書寫者「很外向又很需要被關注」這項假設。這「或者可以」作實，因為書寫情況的不同，亦會影響判斷。例如書寫者要寫的內容是公告，就會很自然地把字寫得大一點，讓資訊容易被受眾看清；又或是紙張的尺寸太大，寫出來的字的比例或會不同；甚至在不同的成長階段，與不同的身心健康情況下，亦

會產生差異。受訓練的筆跡專家，會考慮各種各樣的外在因素，找出最合適的方法，為書寫者解構他們的「真性情」。

為了讓書寫者的「真我個性」盡情「流露」，身為筆跡專家，大體而言會依據四大程序解構筆跡：一，從書寫者交來的手稿，將所觀察與量度的筆跡徹底地找出來，詳列於清單上；二，根據各項筆跡出現的顯眼性，與出現之多寡，依次詳列；三，因應第一項與第二項的結果，找出主要性格的演繹；四，在為書寫者撰寫報告的同時，如發現箇中矛盾，亦需要找出背後的原因，以作合理的解釋與演繹。

以上程序看似簡單，但其實英國筆跡專家公會的訓練，是要求筆跡專家根據這四項程序填上一套十四頁的表格。這套表格包含八個部分，標準化地將書寫者的筆跡評核及量度清楚，基本上已包含了程序的第一項至第三項，使筆跡分析方式更加統一及系統化。

除此之外，公會的創辦人 Francis T. Hilliger 先生為筆跡評核方式訂立了標準指引，為筆跡專家分析手稿的量化技術指標，所有參加文憑試的學生必須依從，考官亦會以這標準指引，嚴格地考核學生。

這個標準指引，包含了筆跡及空間使用等各方面，較易明白的有字的大小、斜度、三個區域的顯眼比例、力度、連接模式、清晰易讀與否、韻律、速度、空間使用形式、段落與頁邊之間的距離、行距等都是重要的部分，較細微的如鈎、小圈、單一字母、張力等亦要計算在內。

所以筆跡分析看似簡單，卻又殊不簡單。

筆跡分析在中國

早在清代，滿清政府在刑事與民事訴訟法內，為筆跡鑒定條件作了定義，直至上世紀三十至四十年代期間，政府在警官學校教授文書鑒識課，而在《刑事警察科學知識全書》中，亦有談及筆跡分析在刑事上的應用。

不過，筆跡學在中國仍在發展階段，研究規模日漸趨向科學化，亦逐漸由學院理論模式走向日常應用。近年在內地，很多對筆跡分析有興趣的朋友都參與了不同的筆跡學講座及培訓，當中包括武警、公安、筆跡心理學專家、各大專院校教授、心理服務機構、心理諮詢人員、人力資源管理人員、筆跡鑒定人員、書寫和書法訓練等人士，各專才人員互相聯繫，並每年舉行學術研討會，促進交流。

一年一度的中國筆跡心理分析高峰論壇暨漢字筆跡分析學術研討會，在二〇一八年十月底圓滿閉幕，本人有幸獲邀代表香港分享筆跡分析的知識與香港行業的情況。

今次在北京舉行的會議，參與人士來自大陸各省市、台灣、香港及美國，總人數超過一百四十人，尤以大陸最多。他們來自各行各業，當中以從事心理諮詢、培訓與招聘的朋友特別多，從參與人數、與會人士的認真投入和求知若渴的態度，可見筆跡分析在內地是相當普及和受歡迎。

會下與參加者閒談，有朋友從事人力資源工作，一直將筆跡分析用於招聘中，始終因為招聘者的性格、工作態度，以及能否與公司的管理文化配合尤其重要。會上有些朋友坐了二十多個小時的火車，從老遠的地方來到北京，為的是希望將會議上所學的知識，用於日常工作中；其中，不少人表達了對國外筆跡分析那系統化的方法有濃厚的興趣，特別與漢字的關係與對比。在我多年研習英文筆跡分析與中文字所得，筆跡不是手的寫作，而是腦袋的寫作（Brainwriting），相信日後定必更多交流。

這次的高峰論壇，邀請了筆跡、心理、諮詢輔導、人力資

源、書法、司法領域的專家，分別從筆跡分析、心理投射、筆跡鑑定等主題發言、完成論壇報告及工作坊。同時，亦收到有關心理測評、司法應用、特徵解析、應用轉化類論文共十篇，可見筆跡分析在我國，研究與應用亦相當普及。

執筆寫字

VS

鍵盤輸入

在電話、電腦、平板電腦盛行的電子世代下，書寫漸漸進入數位化，各項輸入法如鍵盤輸入、手寫板、語音輸入等都十分方便，很多人都告訴我，現在已經很少執筆寫字，甚至有部分國家建議學生可以不用執筆寫字，功課與評核改用鍵盤輸入。他們認為，這樣的學習與教育模式更有效率，學生可以更快完成習作及考試，而老師亦可更方便地覆核學生的功課。既然有這樣的趨勢，明日世界仍需要執筆寫字嗎？

不容否認，各項電腦輸入法，的確增加工作效率與準確性，然而手寫文書已有數千年歷史，難道就這麼輕易被取締？單就部分國家容許學生使用電子輸入方式去完成功課與考試，已引起很多筆跡專家去信反對，他們認為寫字始終是一項訓

練腦部機能的運動，是絕對不能缺少的。

世界各地的研究人員亦就這話題，不斷針對各項關於以電腦輸入方法取代手寫文書的影響而作出研究，研究對象包括不同年紀與不同語言背景的人士，其中二〇一六年出版的一份神經科學及教育趨勢期刊，亦評論過以電腦輸入方法取代執筆手寫所產生的問題，特別集中討論訓練兒童使用電腦輸入方式後，會否影響兒童的感官及肌動功能（Sensory-motor skill）。

近年，很多學校為低年班學生引進電子設備作教學用途，當中原因除之前談及過能改善學習效率外，引起學生的學習興趣亦是重要的一環。不過對於年紀還小的孩子，認知行為的訓練實為重要，要知道執筆寫字並非只是眼睛所看見的簡單手部動作，寫字的行為正正啟動了腦部的神經網路系統，刺激了認字功能及記憶提取，在學寫新的字詞時，亦同步指導及訓練小肌肉的運用，使學生能小心地寫出新學的字，然後重新分類，並置於記憶中。這一連串的認知行為只能由執筆手寫的動作引發出來，並非鍵盤輸入所能做到。

美國華盛頓大學一位教育心理學教授貝寧格（Virginia

Berninger）博士曾經指出，執筆寫字與鍵盤輸入是分別獨立地與不同的腦部功能區域聯繫，所以對書寫者產行不同的影響，執筆寫字較多的學童，不但能更快記起不同字詞的筆法及記憶力較好，他們更能創造自己的想法、表達意見。美國印第安納大學研究心理及腦部科學的詹姆斯（Karin Harman James）教授，曾以腦部電腦掃描方式觀察兒童執筆手寫時，各腦部功能區的反應，她觀察到原來學童在寫字時，腦部的左側梭狀回（left fusiform gyrus）、大腦後頂葉皮質區（posterior parietal cortex）及前額葉額下迴區（inferior frontal gyrus）正進行活動，這些功能區分別處理文字及圖像辨識、語言資訊，以及視覺信息與空間的整合。不過，在觀察學童用鍵盤輸入時，卻不見這些功能區有反應。

根據這些研究結果，德國的神經科學家與研究人員再進一步查證腦部功能與手寫文書及各項電腦輸入法的關係，並以功能性磁振造影（functional Magnetic Resonance Imaging, fMRI）為腦部神經元為成年的書寫者作檢測，發現了執筆手寫時，腦部的視覺、語言與活動控制區域網絡有強烈的活動反應，但在使用不同的電腦輸入法時，卻沒有這種表現。

這些研究結果，解釋了為何着重手寫文書的人，在認字、閱

讀、記憶力與集中力均較佳，所以手寫文書其實是訓練腦部神經認知功能的運動。

簡單而言，執筆寫字時，腦部無聲無息地不斷進行肌肉控制的預估及調整，為字形、筆劃、寫字空間及視覺演繹的關係作調和，加強了腦部感知動作經驗，從而增強集中力、記憶力及閱讀理解能力。

相信各位都會注重養身而多做運動，在講求方便與追求效率的電子年代，有否想到為自己「養心」？為此我鼓勵大家多一點執筆寫字，為腦部進行功能活化運動，促進精神健康。

筆跡能預知
未來？

間中總會收到這樣的查詢：近期諸事不順，有點茫然迷失，
所以奉上手稿，希望指點一下。亦有朋友對我說：筆跡學由
來已久，只是從不叫作「筆跡」，「筆相學」才是真實的名
字，相者，玄學也，林大師又有何高見？

我除了一笑以外，也沒甚麼可以回應。

其實，這些誤解是相當普遍的，始終「測字」這種傳統，自
商周時代，巫師已將占卜之事刻在龜甲或獸骨上，以火燃
燒，為宗室解讀裂痕，預測天命，這就是我國甲骨文之始。
既是這樣，文字的起源，又與相命聯繫起來，這樣看來，也
真是「跳進黃河也洗不清」。我曾與英國的筆跡專家討論過

這個話題，他們反應相類似，訴說有部分書店將筆跡學的書籍分類在新紀元的靈聖書籍當中，所以誤將筆跡學作命相學，亦大有人在。

這些謬誤由來已久，當提及筆跡分析，總不期然令人想到問卜。要知道筆跡解讀並不能替你預測將來！

其實，在非英語為主的國家，例如西班牙、意大利及希臘，情況較好，因為當地的大學學府，學生是可修習筆跡學的。我參與在英國劍橋大學內舉行的筆跡學國際研討會，會上遇到從希臘雅典到來參加的團隊，當中有希臘的筆跡專家，亦有仍在就讀學士學位的學生，他們告訴我筆跡學是他們第一學年的必修科目，為此特來國際研討會交流一下，所以你們要知道，筆跡分析是一個專門的學術科目。

年齡

與

腦齡

在筆跡分跡之前，除了取得手稿的正本外，額外要知道的，
是書寫者的年齡與性別，原因為何？請先看以下的手稿，看
看你能否分辨得出書寫者的年齡與性別？

圖一｜ 你能從圖一分辨出書寫者的年齡與性別嗎？

Use this form to.

transfer money from loan a/c

to current a/c in HS bank.

圖二｜ 你能從圖二分辨出書寫者的年齡與性別嗎？

以上兩張手稿，第一張看來像男士的字？而第二張看來又像女士的字？或是兩位也是女士？兩位也是男士？年紀是二十歲？三十歲？或是五十歲？摸不着頭腦吧？

讓我告訴你，圖一是由一位一百零三歲的老太太所寫的，圖二是由一位三十多歲的男士所寫的。其實單從字跡，就算是訓練有素的筆跡專家，亦無法辨出以上兩張手稿的書寫者的性別與年紀，因為性別是無從在字跡上看出來，而我們亦無法從字面上看出腦部控制小肌肉的熟練程度。前文提到要界定書寫者的年齡，這可怎樣理解呢？

有孩子的父母或從事幼兒工作的人士大概會記得，孩子初執

筆學畫線或是學寫字的情景，你不難發現孩子在紙上寫出來的線條，若果是畫直線的話，看來總有點彎彎曲曲；若果孩子是畫圓圈的話，雖似是圈，但看起來又有點起角，或是不太流暢。為甚麼會有這樣的情況？

這個現象，正好說明了孩童時期的腦袋仍在發展中，發出指令去控制小肌肉的那部分的功能區仍未完全成熟，以致小手執筆寫字時，未能穩定地寫出腦海中想寫的線條。或者可以這樣說，如果你看見小孩子所寫的字，看來線條流暢，圓就是圓，有點像成年人的字，那就是說該孩子腦部發展的情況較同年紀的孩子快，手部小肌肉的操控較成熟，有資優的傾向。至於在哪一方面較資優，那就要細看小孩其他所寫的字再作判斷，或向兒童心理學家查詢。

除此以外，個人經歷與經驗亦會加快筆跡的成熟程序，我曾遇上一個個案，客人交來兩份同屬一位初中學生的手稿，希望我能分析一下他的筆跡，使父母及家人更深入了解該名孩子的想法，以便能配上合適的教養方式。我打開交來的公文袋，從經驗所得，這是兩份看來完全不像出自同一個人寫出來的字，所以我馬上致電給客戶，查明究竟。客人告訴我，兩份手稿都是由同一孩子所寫，分別在一份是上學期所寫的

功課，而另一份是下學期。這樣令我更不明白，畢竟在這麼短的時間內，字跡忽然變得那樣成熟的情況並不多。我想，那很有可能有其他很特別的事情，在這數月內於這名孩子身上發生了。追問之下，才知道原來孩子的父母正在辦離婚，而當中的過程並不順利，孩子唯有搬往親戚家中暫住，由親人代為照顧。這一切的安排看似穩妥，而孩子卻處身於一個被動的位置，深受影響，也改變了他的書寫。

各位還記得一句關於家庭教育的廣告語句嗎？「聽聽孩子心底話。」原來這位孩子並不明白被安排在親友家中暫住的原因，只是覺得失去父母的愛，亦無人可依靠，唯有自己獨立起來，於是下學期所寫的字，筆法線條突變流暢成熟，儼如大部分成年人的筆跡，但字形又出現了很多起角的情況及三角形狀的英文字母。這些筆跡，其實反映了內心有很多憤恨，未能訴說出來，加上青少年時期的賀爾蒙變化，開始變得較為反叛，為怕留在家中，勾起那份傷心，所以盡量安排用盡所有時間，參加各種各樣外出活動、找朋友相伴。如果你見到下圖他所寫的字，你會發現他的字的身軀部分很大，實際上反映他很需要父母的愛護與關心，只是現實的狀況令他找不到方法解決，亦不知怎樣說，唯有選擇逃離。

We want to thank you for your
patience. Thank you for your
hard work.

Sincerely,

上學期所寫的字

The first change is that no big
dream. Resolve it in advance!
Under this system, it doesn't work!

下學期所寫的字

由此可見，不同的經歷，與腦部運作的成熟程度，是會影響
筆法線條的熟練程度，所以並不能單從筆跡看出年紀。

第二章

執筆寫字

因為不同的經驗、不同的人事接觸，
以及不同的成長經歷，
在腦內留下印象及記憶，
然後透過雙手，
暗地裏揭示出來。

chapter

2

腦有記載

筆跡分析是通過系統化的程序，解析書寫者的內在性格特點、待人處事方式、才能、個人行為習慣背後的成因、對自我的看法及要求等。有時候，生命是充滿矛盾的，字裏行間亦會演繹出內裏的心靈起伏掙扎，透過筆跡分析，亦能找出矛盾想法、習慣的源頭，好讓心結得以紓緩。

或許你會問：「只不過是執筆寫字，何來背後那麼多解釋？」可知道從你執筆開始，眼睛正通過知覺過程，對字形的視覺形態確認，進而刺激腦內記憶，啟動腦部語言功能，並從以前曾經學習過的字詞中，提取所需要的字，組成語句，然後透過這認知過程，一方面減慢身體各項機能對書寫的干擾，另一方面，操控執筆手寫的工作，並同時對身體作相應協調。

簡單地說，腦部會依據以往學習及生活經驗，就筆劃的長短大小，指導並協調身體各部分肌肉的活動，例如坐姿、雙肩、手臂、手腕、手指等，同時指揮各項器官功能，例如呼吸及心跳，目的是減低干擾書寫活動的進行，而腦部亦同時進行記憶提取、比較與判斷，產生書寫內容與不同形態的字形。所以整個書寫活動是由腦部指導與安排，寫出來的訊息是書寫者有意識要宣告的資訊，只是同一書寫內容與語句，在不同人的手裏，會寫出獨一無二的筆跡，因此，我們稱寫字為「腦力寫作」。

談及執筆寫字，大家自然想到的是用手執筆進行寫作，既然能稱寫字為「腦力寫作」，那當然是有更深入的原因，十九世紀初德國的一位醫生及心理學家 Dr. William Preyer，他研究手部殘障人士寫字的模樣，發現與未傷殘前大同小異，確認了寫字是腦部活動而非手部活動，所以執筆手寫稱之為「腦力寫作」。

從書本所讀到的知識，遠不及親眼看見及感受到的深刻，某天我匆忙路過國際金融中心（IFC）往中環碼頭之間的天橋，那裏常有不少藝術工作者表演或展示其藝術品，趕時間的我，遇上了「他」，使我不得不停下來駐足欣賞，最終我

李克凡先生現場作畫

買下了他的一幅畫才離開。

對一般人來說，可能這只是一幅普普通通的字畫，但若你細看他執筆畫畫的手，就會覺得殊不簡單：他的雙手，尤其是手指部分，都是彎彎曲曲、不齊全的，這雙傷殘的手，其實並不能緊緊握住那枝毛筆，要畫寫轉彎時，也要用身體或膝

李克凡先生的畫作

蓋的輔助才能完成。不過，若未見過他寫字作畫的狀況，單看這幅字畫，筆觸與常人無異，實在看不出是出自一位傷殘藝術家的手，而這位手部傷殘的藝術家，正正活生生的在我面前展示了 Dr. William Preyer 這個說法。

與他閒聊，得知他叫李克凡，自幼喜歡書法，在三十歲那年

遇上意外，導致雙手重度傷殘，但本着永不放棄的性格，兩年後重新振作，再次學習書法與繪畫。要知道重新學習的路途殊不容易，非有堅毅的心，絕不容易成功。

我特別喜愛他這幅字畫：「堅持！命運如同手中的掌紋，無論多曲折，終在自己手中掌握」，他就是憑着一股堅持的意志，讓腦袋重新指示大小肌肉、各項的身體機能，用雙手抱筆，寫出與常人無異的字。這位李先生在重新學習後，以其擅長的書法與吹梅技巧，參與不少書畫比賽及展覽，獲得不少獎項，今天他已是北京殘疾人文化藝術交流中心的秘書長及中國書畫家協會會員，就是那個「腦部寫字」，為他畫出更美、更不平凡的人生。

字帖（Copybook）的意義

記憶猶在，小時候在學校裏，老師派給我們一人一本標準規範的英文 Copybook 學習寫字。當時小手握着鉛筆，一筆一筆的沿着字帖上的字線填上，練習多了，便逐步脫離臨摹形式，公公正正地隨手寫；到升上高年班，再依字帖學草書。

初學草書的時候，總覺得草書是成人寫的字，然後沾沾自喜地覺得自己長大了。正在讀小學三年班的外甥女，近來愛上用草書作自己的簽名，她說她班上所有同學都是這樣簽，因為升了班級，才可用草書！似乎無論你懂得筆跡學與否，字體的改變，也暗示了生命的成長。

或許你也曾聽過：「為甚麼你寫出來的字，看來那麼像小孩

子寫的模樣？」在我教授筆跡興趣班的時候，在展示手稿樣本時，也會有一些同學說：「這些字看來很孩子氣。」其實很多這些看來像孩子寫的手稿，大部分都是用正楷去寫，似乎又印證了正楷與潦草是成長分水嶺。這個想法，並不完全地正確，原因有一點複雜，亦非三言兩語可解釋出來。

再細想，我們學習寫字，大部分都是用同一模樣的字帖。原則上，經過反覆練習，理論上手寫出來的字，應該是大同小異，雖然不同，但不會相差很遠，或許也只會是正楷與潦草的區分。不過只要你與字帖比較一下，自會發現相距甚遠。例如有孩子在讀幼稚園或小學的父母，相信你們亦不難發現，當孩子脫離字帖寫字時，他們的手稿與字帖相比，也自有他們的風格，其實這正是腦袋要告知我們的訊息，那是潛藏在自己身上的獨有性格。加上成長期間的一些經歷與感受，全數留在腦袋中，然後透過小肌肉操控筆尖，透過不同的線條、寫字的力度等展示出來，所以到今天各自書寫各有性格的字。

在筆跡分析的程序中，其中就是要比較最初學寫 Copybook 內那些標準字形與現在所寫出來的字，找出差異，並作出解讀，目的是為書寫者找出其習慣與行為，以及背後的產生原

因。這些原因，大多是因為不同的經驗、不同的人事接觸，以及不同的成長經歷，在腦內留下印象及記憶，然後透過雙手，暗地裏揭示出來。

或許你會再問，有部分雙生兒的樣貌、聲線、喜好及性格都很相似，他們都學習同一款字帖，那麼他們的筆跡會相同嗎？不同的學者亦曾為這個議題收集大量雙生兒的手稿作出研究，始終這議題在筆跡鑑定上較為敏感及重要，重要的是日後可能衍生出來的法律責任。請先看下面的兩組字，相似嗎？你看是同一個人寫，還是不同的人寫？

這些字其實是屬於一對孖生姊妹所寫的，驟眼一看，字形、字的大小或寫在紙上呈向上斜的方向都十分相像，這又怎麼可以分辨呢？就正如當你第一次與一對孖生姊妹見面，當刻你也許會是有點迷惑，然後你好奇地問她們的家人，怎樣分辨她們呢？身為家人，定能告知你兩人的分別，筆跡亦如是。

二〇〇八年刊登的一份法證科學期刊，曾經刊出一份有關雙生兒筆跡可辨性的研究報告。這份報告收集了二百零六對雙生兒的手稿，分別就他們的書寫習慣、紙張版面使用安排、個別字母特點，以及整個字形及個別字母特色等，分別在電腦上作不同的測試與對比。結果顯示，同卵雙胞胎寫出來的手稿比異卵雙胞胎的手稿更相似，原因是同一遺傳因素的影響。雖說筆跡是較相似，但在個別字母特點上卻又不同，基本來說，是因為外在環境因素的不同，即只要兩人並非擁有百分百完全相同的成長與生活背景，只要稍有不同，留在他們腦袋內的經驗與印象就變得不一樣，於是腦袋指示小肌肉控制筆桿而走出來的訊息便完全不同了。所以從來沒有雙生兒寫出一模一樣的字，因為筆跡就是你，一個獨特的自己。

再說 Copybook，學寫字的孩子在不同的學習階段，會練習

不同的字帖，不過，不同國家的字帖會稍有不同，原因是文化背景的差異，與受原本國家文字的影響。同時各國亦會不定時修訂字帖內字母的字形，這些因素都為筆跡分析製造了複雜性。

為此，在分析一份手稿之前，我們必須知道書寫者的國籍與大約年紀，因為書寫者的國籍代表了他最初學寫字的字形模式與基本習慣的建立，而大概年紀就能表示是哪個時期的字帖形式，從而作出更準確的判斷。聰明的你一定會問：如果有一個人本是中國國籍但在美國長大又怎樣呢？在筆跡分析上，談及的國籍是指最初學寫字的日子、在哪一個國家學習寫字。當然，總會有些手稿並未有提及國籍的，所以筆跡專家必須熟悉不同國家的字帖模式，以便更加客觀及準確地作出判斷。

紙張與筆的
選擇

雖說筆跡專家的主要分析程序是分析字體的線條、字形模樣及寫字空間的使用，但須知道書寫者所選擇使用的紙與筆，對分析的結果有相當大的影響，例如書寫者或會因應一張細小的便條紙，而將習慣寫字的大小臨時改變。所以，紙張的選擇是重要的一環。

在一般情況下，我們會要求書寫者在一張 A4 無間線的紙上寫字，A4 紙的厚薄度大概是一般在影印機上使用已經足夠。那為甚麼一張紙的厚薄度能影響分析工作呢？

各位在寫字的時候大概未留意到，當筆尖在紙上游走時，筆尖的壓力會印在紙上。若閣下有看過偵探片，大抵也看過這

樣的情節：某人失蹤了，警方在他的記事簿內的一頁，發現失蹤者在前一頁寫上地址而印下的字跡。對了！這就是寫字的力度所留下的痕跡。

筆跡分析所關注的並非單單寫在紙上的字形與空間的使用，字跡印在紙上的力度同樣重要，所以我們所寫的字，其實是一個四維的概念：即橫度、直度、深度與時間性。有部分孩子在初學寫字時較緊張，執筆很緊，十分用力地寫，於是寫出來的字較大力；有時候，成年人工作太累或身體不適，寫字的力度或會減弱，這正反映了當時的身體狀況。為此，紙張的厚薄程度足以阻礙客觀的評核，在較薄的紙上寫字，或許會誤判為力度很深；相反，在厚厚的咭紙上寫字，又未必能清楚知道真實的寫字力度，這點值得注意。

除了紙張，筆的選擇同樣會影響寫字力度的判斷。手稿要用作評核用途，一般使用的普通原子筆最能提供較準確的估算。或許你有這樣的疑惑，孩子大多使用鉛筆，若硬要他們改用原子筆去寫，他們所寫的字能否準確地作分析用？

其實，硬度足夠的鉛筆也是可以用作分析用途，所以不須孩子改用他們不習慣使用的原子筆，有時候你或會發現，有些

成年人亦喜歡使用鉛筆，從筆跡分析的角度，這並無不妥，但在心態上，我會想：為甚麼他們鍾愛用鉛筆呢？

鉛筆的特性是可擦可改，這對於一個完美主義者而言，事情往往是可以更進一步，臻至完美。在心態上，鉛筆的特性正合其心意，寫出來的字可以改得更好；若從負面的方向去想，亦有可能書寫者對自己的信心不足，所以用擦膠可隨時更改。當然，我們會從他們所寫的筆跡再看看有沒有其他特徵去支持這個想法，但至少選擇使用不同的筆，往往是一個重要的提示。

曾經有位客人交來他的手稿讓我去分析，只是我之前曾經提示過他，最好使用原子筆，可是最後交來的手稿卻是用天藍色的水筆寫。他告訴我，打從他小時候已開始用水筆寫字，特別喜歡水筆在紙上寫字時墨水所留下那粗幼混雜的線條，可說是從小愛上，不過他為了這次筆跡分析，特別找來一枝原子筆，可是當左手執住那枝原子筆時，莫說是一個字，實際上連一點墨也寫不出來，還為此糾纏了一段時間，結果還是乖乖地拿回那枝水筆，隨性地寫滿一張紙，交到我手上。

對我來說，雖說以水筆來估計寫字的力度並非百分百準確，

不過我們可以憑經驗，從墨水滲透在紙張上的痕跡估算，基本上仍能解決。聰明的你應該會問，愛用鉛筆的人有獨特的性格特點，那麼愛用水筆的人又如何？

前面提過，那位愛用水筆的客人喜歡水筆在寫字時留下的粗幼線條，那是因為腦袋需要那些反應很強烈的反應，當筆尖在紙上留下較粗的線條，那意味着筆尖要停留在紙上較長的時間，或較深的力度控制筆桿，壓在紙上，這樣小肌肉才感受到更大的反應，通知腦部。而喜歡有這樣反應的人，對圖像與顏色的印象較深刻，很多都是對藝術敏感度較高的人。同樣地，只是簡簡單單的一條線，他們已經有粗幼度的要求，要說他不是一個完美主義者，似乎並不合理！

好奇的你應該會再問：有哪些筆的種類，在未學懂筆跡分析前，已可以讓你粗略知道書寫者的一些想法呢？我想，近年較普遍會使用、常見的，非墨水筆（fountain pen）莫屬。

試想想，你在哪些情況下較容易看見別人使用鋼筆？在我從事會計行業的日子，最常見到合夥人用鋼筆在審計報告上簽名，又或是律師事務所交來的信件，老闆級的律師多用鋼筆簽名，偶爾或見到公司年報的行政總裁，也會用上鋼筆簽

名；自己亦曾聽過在會計師事務所工作的朋友，因為升職為合夥人，特意買來鋼筆作日後簽名之用，彷彿使用鋼筆寫字或簽名，就是地位的象徵。簽名為的是作身份的陳述，若你觀察到喜歡使用鋼筆寫字或簽名的人，有一些筆劃是特別大力，他們必定是一個有要求的人，而階級是要被尊重的。

改變孩子學習 寫字的心情： 由一支筆開始

還記得你的學生時代嗎？有多少朋友會於放學後流連文具店呢？有時候，我偶爾與文具控的友人到書店逛逛，少不免遇上幾位穿上校服的同學正選購着不同款式的文具，似乎放學逛文具店，已是一種不可或缺的學生生活。再回想，做功課時，打開筆袋，高峰時期有多少枝筆呢？或是現在已為人父母者，知道孩子的書桌上有多少枝筆呢？

愛孩子的父母，為了鼓勵子女努力做好功課，或許會買不同款式的筆，可能是今期流行的卡通人物造型，又或者是孩子心儀的款式，總之目的是逗孩子歡心，讓他們寫得開懷。然後又會發現，筆筒中永遠有用不完的筆。人大了，工作的日子或多或少有一套私家文具，而筆，似乎已成為生活中不可

或缺的工具。

為人父母者，有否想過不同款式的筆會影響孩子學習寫字的意欲？我有這樣的一個經驗：有一次見到小姪兒筆袋內的筆每枝都很短，於是我特地買了一打他至愛的卡通人物的鉛筆給他，讓他有新筆可用。過了數天，見他在做功課，再看看他的筆袋，發現那些新買回來的鉛筆全變了約三至四吋的長度。我好奇地問他，他告訴我他是故意將鉛筆刨短的，因為這樣寫字最快。或許各位會有這樣的疑問：那是真的嗎？其實用家的經驗往往是最真實的，作為成人隨手拿來一枝筆寫寫畫畫，絕對沒有負擔，因為成年人的腦部對手上小肌肉的控制相當熟練，所以絕對能輕鬆馭駕不同的筆種。不過，對於孩子而言，成人常用的筆對他們來說就較吃力，試想像如果我們手上拿的是一枝大班簽名筆，並且要用這枝筆寫兩小時的字，手部會否很疲累？

設身處地，年紀小的孩子手部小肌肉仍在發展中，小手執筆的力度或操控肌肉指揮筆尖劃線仍未夠順暢，所以一枝筆的重量絕對是孩子們會否樂意寫字的是關鍵。較短的筆能讓小姪兒寫字寫得快一點，是不無道理的，至少也能減輕小肌肉的負重。

有德國品牌的文具生產商，在為孩子設計鉛筆時，亦考慮到這個因素，將鉛筆改成三角形，亦分別為以左手和右手為主力手的學童，設計出適合他們小手的鉛筆，好讓孩子寫字能輕鬆自如。

在過往的演講中，我曾提及過，在國內的一些大學針對練習中文書法對學童的影響，研究員選出小學三年級以上的學生作出研究，結果顯示書法練習能改善學童的學習能力、集中能力，亦能放鬆學童的情緒，就此，獲得有不少的家長關注，家長們很希望孩子能盡早學習書法，認為這是對孩子好。但各父母有否考慮過，一支毛筆對孩子小手的負擔呢？況且，手執毛筆的方式亦跟平手硬筆書法不同，對年紀較小的孩子來說是辛苦的，為父母者，請好好考慮，讓孩子寫得愉快。

左右手

在二〇一九年三月英國筆跡專家公會（The British Institute of Graphologists）季度會上，其中一位筆跡專家很有興趣想知道中國人或香港人會否像英國人一樣，硬把左手執筆的子女訓練成為以右手為主要活動的「優勢手」（Dominant hand）？

就以往的經驗，以前年代的祖父母或父母，對於左撇子的子女多是採取「較強硬」的態度，訓練左撇子的孩子為右撇子，至於原因為何？孩子從來也沒過問，只是不知就裏，貪過方便，或是糊裏糊塗的用上了左手執筆或操控筷子，就好像是做了一件錯事，而被長輩或父母拷打左手，曾經是左撇子的朋友，你有這樣的經驗嗎？為免被罰，於是更要努力學

習使用右手，於是漸漸遺忘了自己原先是一個左撇子。不過隨着時代日益進步，家長較多傾向讓孩子自由地發展他們的優勢手。

英國的筆跡專家覺得這是時代趨勢，尊重孩子的意向亦是現在英國所行的方向。德國的筆跡專家雖然認同，不過，她說德國政府依然建議學童以右手為主導。姑勿論誰對誰錯，商業社會是最能反映現實真相，說實在的，要購買與左手或右手相配的產品，例如高爾夫球的球桿，能供左手選擇的實在不多，畢竟右撇子的人佔大多數。

至於為何不鼓勵做左撇子呢？據說是沿自數百年前的習俗與想法，古代的歐洲人認為左邊是代表虛弱與不祥，所以有說婚戒要戴於左手，目的是要以最神聖的金屬扣於左手，以壓制婚姻制約下，抵抗一切的外來誘惑。而且很多從難產母親生產出來的孩子多屬左撇子，所以令人覺得左撇子代表邪惡，亦是一種不正常的身體缺陷，為了讓孩子健康地成長，必須訓練他們使用右手。

對於以左手或右手作為優勢手，各地專家一直努力不懈地進行各樣研究，畢竟世界上約有十分一人口屬左撇子。究竟左

撇子或右撇子在智商上哪個較優勝？研究人員就這話題以綜合方式撰寫論文，並於二〇一八年出版的神經科學及行為科學刊上刊登，研究人員綜合以前曾經發表過的三十六份關於以左手或右手為優勢手與智商關係的研究報告，當中被研究的人數約共六萬六千多人，結果顯示左撇子只有微不足道的優勝，所以以左或右手作為優勢手，並沒有多大的分別。

有研究人員亦留意到，以左腦思考為主的右撇子學生，大多偏愛語言和文學，而以右腦思考為主的左撇子學生，較喜愛圖像與藝術，於是找來了一百位大學生，作出不同的練習測試，看看哪一種教育與學習模式較適合他們。研究員發現，左撇子的學生是由視覺作主導，在學習上他們多會為自己訂立學習目標，適當地管理進度與修正，亦因以圖像記憶為主，所以創作力較右撇子高。為此，教學人士可因應分別以左手或右手為優勢手的同學，訂立不同的教學策略。

那麼在筆跡分析上有影響嗎？筆跡專家發現到，左撇子在執筆寫字時會自動移動紙張的位置，方便手腕與指尖移動，所以寫出來的字與右撇子所寫的字基本上分別不大。不過在收到手稿時，我們是需要知道書寫人是用左手寫或是右手寫，始終執筆寫字是一種個人習慣，一個從小已開始練習的行

為，或多或少也有些微的影響，例如小鉤的方式、力度的處理等，為了分析的準確及減少檢查程序上的失真，書寫者必須告訴我們他是用左手或是用右手寫字的。

坐姿

重要嗎？

嚴厲的長輩總會遇上幾個被認為懶惰的小孩，或許大家會記得小時候練字時，父母或長輩總會不時提醒：坐姿要直，頭要正，膊頭張開，雙腳平放。有多少朋友能切實地做到呢？再者，香港的學童功課量之多，相信無可異議，若再遇上明天要交多份功課時，又有多少人能保持正確姿勢完成所有要用筆書寫的功課呢？

其實良好的姿勢與正確的書寫方式，對於個性的培養與優良的心理質素極為重要：頭正則心正，表達了專心一致與充足準備，自信自然而來。加上身直肩張，挺胸與雙腳踏地，胸懷放開，呼吸順暢，促進副交感神經發揮作用，讓身體進入一個更輕鬆自在的鬆弛狀態，腦部自然更容易吸收訊息，亦

能讓眼睛與文書紙張的視角距離更廣闊，使更多不同的資訊盡入眼簾，透過視覺神經刺激腦部，提高學習與工作效率。

情緒與心情的鬆緊程度，是會反映在筆跡上的。行內人說，是那筆觸與紙張及雙手控筆交互而產生的張力，那是筆尖的墨水流到紙張上所產生的墨水痕跡，即字的線條，墨水如何在線條上顯現，是觀察「張力」的重要一環。在心情緊張下，墨水是會囤積着，在放大鏡下細看，線條並不自然，所以放鬆雙肩，讓左右手配合，書寫就更流暢，文書多出現良好而和諧的線條，減少受抑壓及不協調的字跡。

相反，如果坐姿不正，對身體也會帶來不好的影響。例如俯伏在桌上，則容易出現疲倦的情況、心胸又被抑壓着、呼吸自然不能暢順，這當然會令人自覺是心緒不靈，愁煩心悶，與此同時，當俯伏時，眼睛與桌面太近，這亦減低了視野範圍，於是寫出來的字，會出現奇怪的結構與線條，再繼續寫下去，只會對身心有不良的影響。

腦部的訊息會通過手部肌肉的協調，暗地裏反映在筆跡上；同樣地，生活日常經歷與感受亦會透過手部的小肌肉協調而傳送訊息進入腦中，正面的經驗指引了進一步的正面行動，

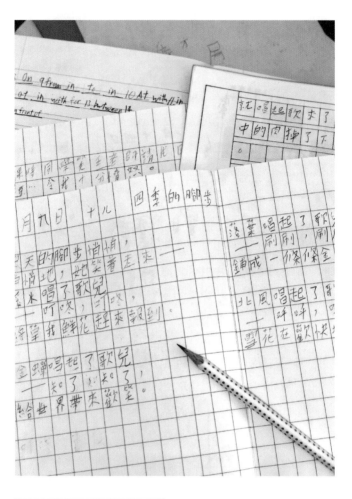

學童繁重的功課或會影響寫字的姿勢

反之負面的資訊引導着負面的行為。所以要擁有高瞻遠矚及正向的態度，寫字時必先有良好的坐姿，書寫要夠精準，那就是說不是長時間不斷練習就是好，因為肯花的練習時間，並不是與「有效果」完全掛鈎的，所以倦了就要停一停。五分鐘或十分鐘的寫字練習，只要姿勢良好，已有足夠的訓練效果，這總比寫得多，但坐姿不正來得要好。

第三章

書寫的力量

書寫最不為大眾所留意的地方，
是筆跡背後，暗藏的訊息，
這是腦部給你重要的通知，是關於你自己，
一些行為及想法的原因。

書寫的力量

唐代孔穎達在《尚書序正義》說：「書者，寫其言，如其意，情得展舒也。」我們執筆書寫，為的是溝通與記錄，或是療癒心靈，抒發個人情感，寫字的原本就是這樣簡單的事情。筆跡專業的出現，較易讓大家認識的是在法律層面上的一些爭拗，為寫在合約及文件的字跡與簽名，查證其筆跡的真偽，又或是協助案件的偵查。然而，書寫最不為大眾所留意的地方，是筆跡背後暗藏的訊息，這是腦部給你重要的通知，是關於你自己的行為及想法背後的原因，這正是西漢文學家揚雄所說的「書、心畫也」，「言為心聲」的意思，筆跡是潛藏於腦內我們心靈歷練下的重大資料庫。

解讀筆跡，可以更深入認識書寫者真實的一面，亦了解書寫

者面對不同的人和事的時候，選擇怎樣跟別人溝通、下決定：接受對方的態度，調校自己；或是不接受，然後轉身離開，只是簡單幾個字，能顯示的信息比想像中多。不過，筆跡所能表示的能力並未就此完結，潛信息能通過腦袋經你的手寫出來，同樣地，也能經過執筆寫字來訓練你的腦袋，改善你的行為與態度，書寫的力量，比能想像的更大。

有不同的國家的研究員，就書寫訓練對於情緒的改善作出深入的研究，較近期的，是在英國筆跡專家公會（The British Institute of Graphologists）二〇一九年第一季度的交流會議上，其中一位主講嘉賓是來自瑞士蘇黎世的 Marie Anne Nauer 博士。Nauer 博士主要從事筆跡研究，包括腦部功能與筆跡的關係、電腦輔助的筆跡分析，以及筆跡分析方法的量化驗證。

是次交流會議上，Naue 博士以她過住的驗證經驗，認為寫在紙張上的每一筆與每一劃是表達着書寫者的精神緊張情緒，當筆尖在紙上摩擦，墨水滲透在紙上時，墨水在紙上的濃密厚度，會產生一個有拉力痕跡的現象。那是墨水表現出來的張力，這就如同一條橡筋拉緊與放鬆時，那條膠繩所展現的外表是完全不同，就是寫出來那筆劃的細緻度解釋着不

同程度的精神緊張與情緒如何影響字跡，即墨水於筆劃上留下的足跡。當中提及一位約二十出頭的年輕人，六年來其字跡的變化極大，究其原因，就是緊張的情緒影響了字體的書寫；同樣地，他透過多年的書寫訓練，不斷練習，最終改善了情緒狀況。

也許你仍未想像到何謂張力，那就讓我慢慢解釋一下。請再想想你執筆的模樣，準備寫字時，手腕枕在書桌上作為重心點，然後再由上三隻手指承托着並操控筆桿去寫，要是三隻手指同時緊緊握着筆桿，你寫出來的字會是怎樣？又如果作為重心點的手腕牢牢貼着桌面不動，那寫出來的字又會是怎樣？讓你再向前多想一步，為甚麼三隻手指會緊緊握着筆桿不放？又為甚麼手腕會貼着桌面，動也不動？你可知道在正常的寫字情況下，手腕與手指的活動是有靈活性與柔韌度的，而所謂的正常情況，就是沒有特別的要求、不焦急、不憂慮、自由地寫的狀態，所以我們可以從一筆一劃看得出書寫者緊張的情緒。

交流會的下午部分，由本人為業界介紹中文與英文筆跡分析的特點與對比。會上分享的中、英文特點比較，是我自鑽研筆跡分析以來收集各方各界中、英文手稿的案例分析報告，

在我報告的尾段，又巧合地回應及支持 Nauer 博士的題目。那是我在前文所談及如何通過中文書法的練習，讓腦袋將集中力放在寫書法上，從而使腦部短暫放空，達到鬆弛效果，使書寫者再發動大腦的馬達時更有效率。

是次參與會議的專家從各地來到倫敦，他們經驗豐富且資深，在我短短兩小時的演講中，他們非常踴躍地提問。始終全球只有約五分之一人口是使用中文為主要語言，所以他們甚感興趣，而過往的交流會亦甚少涉及中、英文書寫的分析比較，他們更好奇地追問關於中文書法的使用。當時我從香港帶來了幾本「上大人孔乙己」的字帖與數枝科學毛筆，正好與他們互動一下，感受使用毛筆臨摹時，眼睛、手腕、手指與坐姿的要求與安排。要知道臨摹比在紙上自由地寫，需要更多身體各部的協調，是一項很好的認知訓練，能讓各位心靈放鬆，更能激活老友記的大腦運作。

一念在誠

在舉行過的筆跡學講座中，有人問：「怎樣能從筆跡看出不誠實的人？」其實要界定一個人是否不誠實，絕對不是一件容易的事！要知道學習筆跡學的學生，須於完成筆跡學的基本功，才可去學習「不誠實」，原因是負面批評對人的影響較大，所以必須嚴格核實，而評定負面的性格特點，需要比確定正面的性格，找出最少多三至四倍不同的筆法去支持書寫者不斷重複這種「不誠實」的寫字模式。

很多時候，書寫者連綿不斷地作出「不誠實」的行為，其實是為了保護那份脆弱的自尊。有些人會選擇掩飾或埋藏，有些人會誇大失實，亦有些人會作出誤導。當用不同的大話去掩飾一個大話時，始終有一天會紙包不住火，不過到時候又

會接二連三加上無盡的藉口，這始終是大話精的習慣。試想想，一個不斷修改自己態度與行為的人，他的字會是怎樣？當然，這人的筆跡並沒有一致性，就好像變色龍一樣，不斷改變身體上的顏色，以保護自己。

此外，不誠實確有不同的程度與不同的類別，例如有些人會對自己不誠實，並將自己的行為合理化，或是否認現實狀況。可能你會聽過身邊同事有這樣的對話：「阿 John，今晚去老蘭飲嘢無問題，我太太好民主嘅。」然後那邊廂又致電太太：「老婆，老闆拉我去蘭桂坊飲嘢陪客，無得推！」這些「不誠實」的程度，又與那些詐騙的犯罪行為差距甚遠。所以要簡單地寫出「不誠實」的判斷，確實不容易。不過，從字跡看出一個老實人是較為簡單的。

一般而言，老實人的字有這些特徵：字字清晰易讀、字形簡潔並無額外裝飾筆劃、書寫版面布局良好且有條理、字行底線界定、字的頂中底三部分平均或是頂部較顯眼、筆法流暢有韻律感而力度穩定。或許你會有這樣的疑惑，這與書法有何分別？唐代書法家柳公權說過：「心正則筆正」，西漢揚雄亦曾說過：「書，心畫也，心畫形而人之邪正為焉。」筆跡能辨善惡，有一顆端正的內心，自然能寫得一手好字。

在人力資源部工作的朋友曾經跟我說過，她為公司招聘同事時，首要是要見到求職者的字體要端正，看起來要有條理，井然有序，才能令人感覺良好。其實，我們出生以來，書寫已是生活的一部分，所以大家的眼睛早有基本能力觀察何謂「好」字「好」人，只是尚需多加練習而已

用筆在心
心正則筆正

有一顆端正的心，自然能寫得一手好字。

Life is not about waiting
for the storm to pass,
it's about learning to dance
in the rain !

字字清晰易讀，表現出毫無掩飾之意。

漢字

漢字是世上其中一種最古老的文字，漢字與西方文字最大的不同，在於大部分西方文字是表音文字，即以音節拼音而成，反觀漢字一開始已是圖畫與符號，追本溯源，書寫漢字本身已是藝術。若說科學一點，英文或其他文字，多屬拼音文字，基本上是從左至右作線性排列，但中文本身一直維持着以圖像形式為主的文字，並於二維的方形空間內，將漢字的線條盡量填滿。漢字之源本是圖畫文字（象形字），我們的腦部自然地將漢字作圖像處理，這又與處理書寫英文的功能區並不盡相同，與其說我們寫中文字，確實一點說我們每天都在畫圖，那又怎不能說：你我都是藝術創作人呢？

每次執筆寫字時，我們都不自覺地把自己的個性注入筆尖與

白紙上，完成個人創作。要知道世上從沒有寫得醜的字，每個人的筆跡也是美，人家喜歡與否並不重要，要愛的是自己筆跡上的知性美，這是你獨一無二的。於二〇一八年，我參觀了在 PMQ 舉行的漢字展，展覽活動的其中一項，就是讓參觀者在預先印有「卡」字的告示貼上，隨意設計並寫上中文字，掛於展板上，圖一與圖二就是我從展板上拍下的照片中，選出來與大家分享的。或許有些人會覺得告示貼上的字並不工整或不漂亮，但這正是個人的特質，我們應該為自己那份獨一無二而喝采！

可能你會如右圖說：「這只是一個字，所以沒有意思。」其實這筆跡正有大意義，單是紙上的空間運用，就表達了外在環境與個人的關係，因此，在不同的環境下，我們對待人與事的渴求、態度與心境亦不一樣。

圖中上面的兩句：「這只是一個字，所以沒有意思」，位置上只佔整張紙的四分之一，表現了保守的作風，不欲參與自己不熟悉的事，所以寫在一邊，靠邊站像是安全一點，而且更有十字圍欄在外。原因是他的「時間」是用來面向將來，所以「浪費時間」寫在最右，對他來說，怎樣使用將來的時間，才是最冒險、最珍貴。顯然他覺得創作並不是生活日

空間的運用是觀察手寫的字是如何安放在紙的空間上，預先印在紙上的線條（包括圖的「卡」字）並不計算在內。

常，也看不出創作帶給將來的價值，故此才感到「浪費」。

其實如何將字寫在紙上的空間，也是大有學問的，在一般情況下，我們寫字是從左至右，左邊是起始，在落筆後，線條已留在紙上，變成了過往，亦同樣因為有過往的經驗，我們一直向前而行，而我們見到圖中的的字要靠邊站，不願向前行，心態上顯得保守。

下頁圖的字，與正常書寫習慣，並不盡同，是寫在四邊，這又是甚麼原因？

你看見字的底部筆劃特別出眾嗎？那表示是書寫者關心實際需要，例如口腹之慾，還有字是貼近四面邊界，同時向左、向右又向上、向下，到底他的心在哪一邊呢？為何這樣說？習慣上，寫字是單一方向，但字在各方寫下，就暗示了要面對現實，總是矛盾的。書寫者對於何謂美有自己的一套看法，他對自己也有要求，字形與身形對書寫者確是重要，同樣地要有線條。而且他愛吃，卻深深明白美態輕盈，從來得之不易，所以行動要實際，要有血有汗去運動的話，似乎又有點辛苦。愛吃又愛美，一直也是向左走與向右走的爭持，還是實實在在吃個飽才算。

各位留意到向四方八面寫的字，有甚麼與別不同嗎？有些字看起來好像不是太清楚：「健康」、「豐盛」與「暴富」等字，有些部分是填密的，這正是典型吃貨的字。

98

身體要
健康

筆跡能看出一個人的健康狀況嗎？當然診斷身體問題，還是要靠專業的醫護人員，對我來說，從筆跡分析看出一個人的身體健康狀況，只是一項副產品，此話何解？

前文曾經提及腦部主導寫字程序，當我們執筆寫字之際，腦裏正通過複雜的神經系統，忙着從記憶中尋找所需要的字詞，而身體每部分又靜候着腦部的指示，當中包括手部小肌肉操控筆桿，以及指導身軀運作的各部分，例如呼吸與心跳等，以減低對書寫動作的干擾。

試回想當年考公開試的日子，在未開卷前，可能會心跳加速，心亂如麻，腦內一片空白，胃部又好像在抽搐，然後又

覺得試場內的空氣不足;開卷後,又覺得雙手不聽話,一邊在震,一邊又推不動筆尖,怎樣寫也寫得很慢,這就是干擾的狀況。

用於筆跡分析上又如何呢?分析時,我們會使用放大鏡去觀察線條的質量,留意線條的墨水是否平均分布?有否斷墨?或者出現一些特別重墨的停頓位?最重要的是,這些異常情況是否有固定的節奏?較易明白的例子是心血管狀況,例如每固定數秒就出現斷墨。一般情況下,大家大多會認為這定是那支筆嘴有問題,才出現斷墨的情況,然而當同一人,換了另一枝筆,這情況又在不同文書上再次出現,這便值得懷

圖一

圖一｜要留意觀察線條上墨水的質量。

圖二｜來自視覺能力受損的人所寫的字。

疑了。這可能是心血管或心臟出了問題，因為當心臟那微小的異常有節奏地跳動時，會影響小肌肉握筆時也跟着一跳，就出現斷墨。若有這種懷疑，通常會建議執筆者諮詢醫生。

再看圖三，那些東歪西倒又重疊的字，是出自一位眼睛有問題的病人。字母重疊的原因，是她的腦部曾經受過傷，影響到視覺功能，以致左眼與右眼的視線範圍各有限制。其實，在她受傷之初寫出來的字，比現在所寫的字重疊更深、更多，而彎彎曲曲的字底底線（erratic baseline），亦是這個原因而產生的。

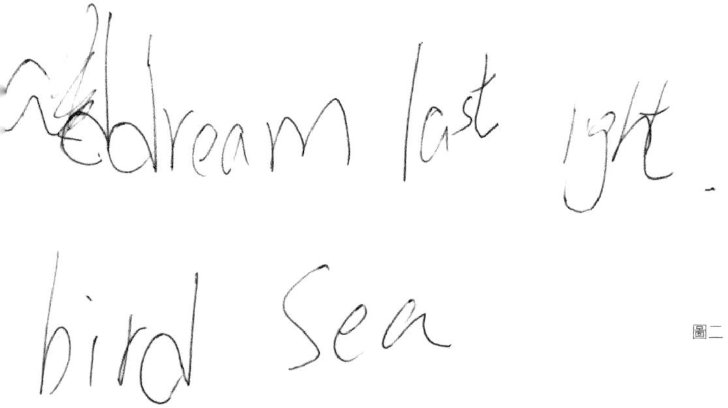

圖二

或許你會認為，這是因為她的視覺功能有問題，看不清楚，才會寫成這樣，那就讓我多舉一個例子，解釋雙手與腦袋的相聯關係。若你走進醫院病房，請一位氣若游絲的病人拿起筆在紙上寫，你想他的字會是怎麼樣？既是氣若游絲，何來力氣執筆？縱然能寫，寫出來的字又有力嗎？再想想，找一位年紀老邁又長期吃藥的老友記，請他寫字，也許你會發現他寫出來的字有細微震動的線條，這可以解釋為腦部功能隨着年紀增長而漸漸退化，腦袋並未能清楚地指示執筆的手，小肌肉在觸控筆桿時並不自如，以致寫出來的字有微微震動的模樣。不過，年紀大的老友記亦有精靈一族，就如前文曾經提及那位一百零三歲的婆婆，她所寫的字並沒有太多震動，實屬難得。（見頁五四圖）

書法 · 抒發？

內地不少學者研究書法，方向大抵有兩方面：一是從藝術觀賞角度出發，二是從書法的筆跡研究人的心性行為，叫書法心理學。古人說「書如其人」，就是書寫者的情緒、品德行為會隨字形與筆法流露出來，內地書法心理學研究員劉兆鐘先生在《筆跡探秘》一書中，描述筆劃粗而字形渾圓的筆法，顯示了書寫者的性格實事求是，且為人豁達敦厚；北京書法心理學學者王文影先生認為，宋代文學家蘇軾的〈黃州寒食詩帖〉，字形飽滿、墨濃，與橫向扁平的筆法，正好符合「畫粗而字形渾圓」的意思，可見以中文書法討論個性，早有先例。

或許大家會認為，書法除了是一項藝術，於現今生活日常已

經很少會使用，但有否想過，書法這個國粹對我們的腦部有着十分正面的影響。

香港大學心理學系前系主任、現任香港大學榮休講座教授高尚仁博士與他的團隊自八十年代起，長期從事書法與心理學的相關研究，關注當書寫者手執毛筆在紙張上書寫時，身體與心理狀況的轉變。從各項研究與實驗中，他與團隊觀察到當練習了中文書法一段時間，身體各功能會出現不同的改變，當中包括呼吸與心跳減慢、肌肉緊張情況減緩，以及血壓降低。這些狀況與靜觀練習中，靜坐冥想所產生的結果相類似，說明了書法對身心靈是有着療癒的作用。高博士於二〇一三年亦曾發表書法對老年癡呆症（Dementia）治療的研究報告，結果顯示書法確實對認知功能有正面的療效。

華東師範大學和上海師範大學對一百一十名小學學生進行為期兩年的研究，以考察書法訓練對學童多元智力的影響，結果顯示書法練習能促進學生的語言、數學、音樂及運動智力。上海交通大學、北京師範大學及南京中醫藥大學等亦從不同的實驗與研究發現兒童練習書法能對情緒調節有幫助。

瑞士蘇黎世大學剛於二〇一九年發表了一篇關於長期練習中

文書法對改善腦部神經系統的效用，研究團隊找來三十多位於北京師範大學主修書法及有超過五年練習經驗的學生作研究，說明了長時間練習中文書法對腦神經網絡的聯繫有積極成效，不過研究團隊亦不排除，其他方式的藝術練習或會有相類似的影響，因為中文書法本身就是門藝術。

若個人興趣不在中文書法，西洋書法可行嗎？其實只要是書法，執起筆來就有個人偏好與規範，偏好是字形，那是性格的表現，規範是執筆與要求的筆法，是小肌肉與腦部訓練。這等訓練激活腦袋各部功能，要多練習，但要賞心樂意地練習，才有正向的效用。

筆跡分析小技巧

分析筆跡是要全面的，
並不是單一種寫字樣式，
就等同書寫者就是這樣一個人。

chapter

4

一般書寫——
簡易的分析技巧

筆跡專家很多時候都會收到客人要求分析他們所寫的字，好讓他們更明白自己。或許你會問，難道自己不認識自己嗎？

人類與生俱來就是複雜的動物，對於不同的人與事，有着不同的情感好惡，通過縱橫交錯的腦神經網路系統，操控着身體各部分，產生不一樣的行為、習慣與態度、生活的常規：晨早起床後，返學的返學，工作的工作，一天完了又是另一天。只是每天面對不同人與事，生活態度與待人接物的關係相處，看在眼裏似是例行公事，但再求真多一點，為甚麼同一事情，在不同人的身上，總有着不同的反應與態度？又為何認為自己並不是那「想像中的自己」？

我們其中的一項工作，就是通過客人日常所寫的字，告知他們「已知道」的自己，那是他們本身的性格及部分的專長。為甚麼是部分呢？在我們的成長過程中，因應不同的教養方式，與生活中相遇上的人，激發不同的火花，漸變成今日的自己。

未知大家是否曾經有以下相似的經歷？小時候很想學打鼓，於是向父母要求，希望可以學打鼓，父母的回應大概是這樣：「你都係得三分鐘熱度，唔好嘥錢。」「見人學你就想學，你唔一定鍾意。」「打鼓太嘈，會畀隔籬屋投訴。」「勤力啲讀書啦，打鼓唔啱你。」就這樣，打鼓的願望一直沒有再出現，但一直藏於心內，或是已經遺忘，然後有一天，從筆跡專家分析自己字跡的報告上，其中有一段寫上：「有音樂天分與表演能力，節奏感強，只是未曾受過訓練。」

看在眼內，若當天堅持着，或得到家人的明白與支持，今天的你，會否不一樣？或者，從今天起，你決定重拾初心？

筆跡分析讓我們更進一步了解自己，更清楚讓我們明白過往的經歷與經驗如何影響自己現在的習慣與行為，從而讓自己進步。不過，人性是複雜的，更深層的內心探究的確是要專

家協助。然而我的看法是：筆跡分析可以很深入，亦可以很簡單，簡單的是「大路」的基本功，即是簡略地知道一般的個性、溝通方式喜好、興趣等，這為人與人之間的溝通建立一道橋樑，減少「人心隔肚皮」的誤解。只要明白對方就是這樣的人，往後的路就是自己的選擇：要繼續下去的話，就要調校自己，以作配合；或是轉身而去，頭也不回？不過，最終也是希望使人際關係更和諧而已，在生命路上，除非你要深山歸隱，否則總不能避免遇上不同的人，所有的關係都是學習與放下，那就先來個學習，從最簡單的筆跡分析技巧入手。

要認真地做筆跡分析，就如前文「英國筆跡專家公會」的一章所說，殊不簡單，亦需要長時間的研習，不過簡化了的「大路」基本功，我認為對各位還是有幫助的。但在介紹「大路」基本功之前，各位先要知道的是用作協助分析筆跡的工

向左走或向右走的字，反映了斜度。

具，包括：量角器、間尺，以及放大鏡。從「大路」的角度，這些在文具店內買到的已經足夠，當然更專業的會有微距鏡及電腦的輔助。

量角器是量度角度，角度是為字體斜度作分類，字體的斜度主要是社交處理的態度，簡單地可分為左、中、右三大類。字體斜度等同我們的身體語言，試想像兩人坐在一起傾談，較主動的一位，身體會自然地向前傾，因為他有話要說，很想要讓你知道，在筆跡上，主動又外向的人，他們的字體多向右傾斜。被傾訴的那一方會是怎樣呢？若被傾訴的一方是性格較內向的人，很自然地，身體會向後傾，反映在筆跡上，字體多向左斜，像是稍稍向後退一步，感覺安全一點。那麼斜度約九十度正中的字體，性格又如何？一般來說，他們的想法較獨立，多思考，在未決定好之前，多採取中庸之道。

light

間尺的用途較為廣泛，其一，是將字母分成三個區域，即上、中、下三個部分，這三個區域所表達的意思，我早在本書開首說過。簡單而言，上區域是思想，中區域是生活日常，下區域是行動，這三個部分講求的是比例，研究書寫者是思考家、日常生活細緻型還是行動派，還看三個部分比例上，哪個最大，比例最大的就是書寫者最關注的事情。

當然，間尺的基本功能是量度大小，以英文計算，一個標準大小的字是九毫米高，這是平均的尺寸；高於九毫米的叫大型字；同樣地，不高於九毫米的叫小型字。字要寫得大的想法，是因為字是給人看的，有的人會將字寫得很大，目的只有一個，就是你必須要見到書寫者，知道他的存在，而他正有話跟你說，那就是說，他是重要的；相反地，寫小字的人，寫出來的字是給自己看，不是讓你看見，況且你看見與否對他並不重要，他較關注的是自己的事情；寫中型字的，大抵也是人海中的其中一個，並不要求突出，但求與一般人一樣，安安穩穩。

放大鏡是用來仔細觀察線條筆跡內墨水的流動，那是關乎情緒、精神狀態、活力等，這方面要靠專業分析，並不能用三言兩語就可以簡單地解釋清楚。

除了以上工具外，紙張上的空間使用也是一個重要範疇，在此我們關注的是黑與白的比例，可謂黑與白？黑是筆跡、白是紙上所餘的空間。有些人喜歡寫滿一張紙的字，連頁邊也不留有餘地，同樣地，你可能會發現，他的書桌永遠也是將物件放得滿滿，而他的睡房也正正如是；反觀，喜歡窗明几淨的人，寫在紙上的字，看起來是很有空間感，亦很有組織性。此外，紙上空間又代表了我們身處的環境，在紙上寫字或字母，就等同每一個人，不同字或字母的組合，成為了不同意思的字詞語句，就正如我們身處在不同的環境，遇上不同的人，各扮演着不同的角色，聯成了不同的生活點滴。所以，字或字母之間的書寫距離，反映了理想中人與人之間的關係，緊貼在一起的字，當然就是希望較親近的距離。

金庸，原名查良鏞，1924年3月10日生於浙江省海寧市，1948年移居香港。當代知名武俠小說作家、新聞學家、企業家、政治評論家、社會活動家，香港四大才子之一。1944年考入重

有些人喜歡將紙上空間寫得滿滿

再者，我們寫字是從左至右的，既然字已寫下，那就變成過去，是已發生了的，這是經歷與經驗。所以從全張紙的角度上看，所寫的字佔據紙張靠左的部分，表示了書寫者喜歡以穩打穩紮取勝，因為經驗是最實在的，那麼靠右的又如何？想想看，我們一直向右寫字，到甚麼時候停止，是未知之數，就等同我們面向將來一樣，你知道會是怎樣嗎？期待嗎？所以當較多所寫的字佔據紙張靠右的部分，那就表明了你的態度，面對挑戰是值得喜悅的事情。

Although the Group's loss for the Period was approximately HK$ xxxx. (31-12-2017: HK$ xxxx), it included the credit loss expenses in respect of trade and other receivables of approximately HK$ xxxx (31-12-2017 = Nil) due to the impact of the adoption of an expected credit loss model under HKFRS 9.

有些人喜歡多留一點空間

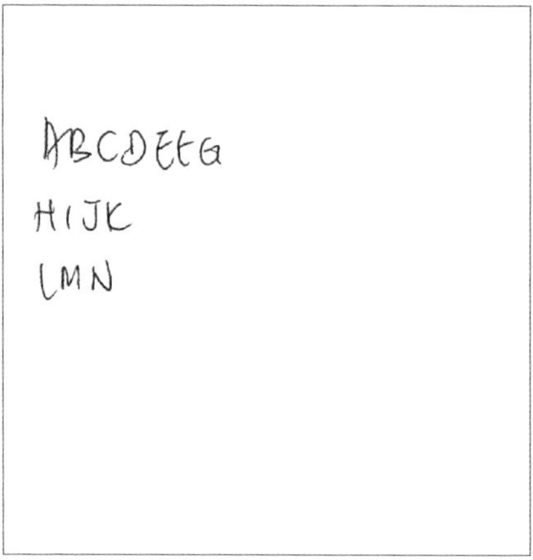

ABCDEFG
HIJK
LMN

ABCDEFG
HIJKLM
NOPQRS

上圖所寫的字，佔據左面位置，顯示出較保守的性格；相反，下圖與左邊的頁邊邊距較濶，又傾向右面較多字的人則較喜歡挑戰。

以上只是簡簡單單地解釋部分「大路」的筆跡分析技巧，要注意的是，分析筆跡是要全面的，並不是單一種寫字樣式，就等同書寫者就是這樣一個人。筆跡專業讓我認識到多重證據的重要性，即是說若要證實書寫者是一個外向的人，我們應該要全方位，找到不同類別的筆跡，以多方證據證明書寫者確實是外向的，才可作結論。當然，人性是複雜的，當其他不同類別的筆跡並不能作出一致的結論時，那就要請筆跡專家，解構背後的原因了。

在我教學生的日子裏，最常收到的問題是：已經很難收集到親手所寫的字，在公司大多使用電郵，其餘的時間多數用 WhatsApp、WeChat、Line 等社交通訊軟件，而比較容易見到的字，應該只有簽名了。既是如此，就講解簽名吧！

簽名與你

試想想，平常在甚麼時候會用上簽名？購物後使用信用卡付款、開納銀行帳戶、買賣樓宇汽車、申請證件、老闆簽名批核、客戶的合約合同等，無論是個人或是與公司相關的，簽下去就表示了承擔與責任，那是對自己的確認，更是個人與眾不同的獨立宣言，這是簽名在筆跡上的重要性。

簽名比一般寫字有多一重意義，平常的字跡代表原有性格，但簽名卻只能表達部分個性。我比較常說的例子，是在一般情況下所寫的字代表原原本本的你，就像人家推開大門，看見正在大廳坐着的你，那是「全相」；而簽名就如古代的大家閨秀，把自己好好裝扮一番，拿着扇子遮着臉，只用雙眼偷看心儀的公子。說真的，公子頂多也只能看出她一對眼

睛，也無從分辨究竟她是美還是醜？無從辨識，簽名就是如此，只「露」一部分的自己。

簽名是經自己深思熟慮設計而成，每個人的簽名都獨一無二。回想一下，當初你是怎樣為自己設計第一個簽名呢？

數月前，九歲的外甥女送我一幅她親手畫的畫，畫的左下角，她用上英文草書寫下她的名字，她告訴我，畫家是應該在自己的畫作上簽名的，所以她簽在畫上。我問：「為甚麼用英文草書簽名？」她的回應是，老師教他們寫英文草書字，所有同學都覺得英文草書寫出來特別美，於是大家都這樣簽名。你看到嗎？這一刻，這班九歲的孩子希望的是得到友伴的認同，所以用上同一模式的簽名。

再長大一點，青少年時代的孩子逐漸渴望獨立，亦慢慢確立自己應有的身份與角色，模仿是他們其中的一個方向。例如開始為自己設計獨特的簽名，會看看其他人的簽名，可能是父母、老師、偶像，總之找個心儀的人為模仿對象作二次創作，變成自己的簽名。你可知道為甚麼你會看上別人的簽名，作為自己的範本？其實，你看得上的並非單單是設計，在某程度上，你愛上的是那人表面能見的性格，所以將其投

射於簽名上。學習他的設計，其實是希望他那種吸引到你的個性，能在你的身上出現，所以簽名除了顯示部分性格以外，是包含了理想的自己，那是一個渴望的自我形象。簽名就是要求給你看到的自我身份與形象的重要象徵。

簽名：

你要知道的二三事

謝霆鋒的〈玉蝴蝶〉歌詞有寫：「連名帶姓會更接近妳，還是更陌生？」在筆跡學上，單憑一個簽名已經可看出一個人對家庭觀念的態度：究竟他愛自己，還是愛家人多一些？關係又如何？

我們由懂事一刻開始，只要聽到父母呼叫自己的名字，就會不自覺地回應，這就是在情感上自我身份認同的開始。而姓名當中蘊含兩個意義：姓氏是一個家族與家庭的歸屬，而名字是你自己、是個人的。故此，在簽名時簽上不同場合的姓與名，顯示了的不同意義，那是對群體價值觀與自我身份比重的考慮。

圖一

圖二

圖三

圖四

圖五

有些人簽名時完全沒有姓氏或姓氏寫得很小（如圖一及二），這代表對自我的觀念比較重，想法多從自身的角度出發，那麼你會問：「這豈非很自私？」這並不對！從自身的角度出發是思想模式的一種，從自己出發，再推己及人，當中並無不妥，相對姓氏很大很清楚而名字較小（如圖三），甚至連名字也看不清（如圖四），想法多從團隊角度出發，聯繫在姓氏上，是這個「姓」氏在書寫者心中的地位。這又

涉及了書寫者從小到大家庭的影響與自我身份的確立。所以我常說，把姓氏簽得較大、較清晰的人，心裏較多顧念父母與家，他們多是願意對家庭有承擔和家庭觀念大過天的人，在這種思想模式下，處事方式亦會傾向考慮整個工作團隊。不過，當在「整個工作團隊」與「家庭」兩者選擇時，自然地以家庭為先。

當然凡事需要平衡，名與姓的字體大小均一，有家有自己，而又很清晰的簽名就很理想，亦坦誠地表達了：我就是這樣的一個人，坦蕩蕩的不用收藏，亦對自己較有自信。

有部分朋友只會用姓名首字母或簡寫（initial）簽署（如圖五），又令人想到，為甚麼會簡單地寫上一兩個英文字母來代表自己？我考慮到簽名的情況可能也有影響，包括所簽的是哪類文件、簽名的環境。一般情況下，在合同簽署及申請證照時，如有錯誤或更改，都需要以簡寫簽署作實，又或是在公司裏，文件簽批審核時簽上簡寫，所以用簡寫作自己正式簽名的人，他們對待事情的態度，要求較正規及須要有適當的禮節。而且個人私隱對他們特別重要，否則他們不會只簽一兩個字母代表自己，態度就如：為甚麼要讓你見？又為甚麼你要看？看多了又與你何干？記得跟他們溝通時，切忌

單刀直入問他個人或家庭狀況，對他們來說：私人的事你無須知道。

上文提過，清晰的簽名就是最理想的簽名，不過很多人對此抱着懷疑的態度，因為他們擔心簽名有「被冒簽的風險」，故認為複雜的簽名較難冒簽，但這想法並不是全對的！因為字跡是四維（4D）的概念，所以越清楚的簽名，筆觸的力度、速度與墨水的分布越容易被看清，那是很細緻而又很難被模仿的。相對抄襲簽名的外表是很容易的事，但加上力度與速度等，數項一起模擬，就連專業也很難做到。

所以複雜的簽名，是較容易臨摹，因為人家也看不明，只要外形相似便算；可是一個字字清晰的簽名，雖然可以讓人清楚看見，但起承轉合的力度、速度、筆跡分布等獨一無二的組合，是他人無法複製的。例如圖六就是理想的簽名形式，亦同時表達了：「行不改名坐不改姓，我就是我。」每次簽名時，亦重新肯定自己，給自信心加力！

或許你會 ：這樣的簽名與寫名並無分別！所以，我的簽名需要有個人風格，這是可以的，但必須留意下列四點：

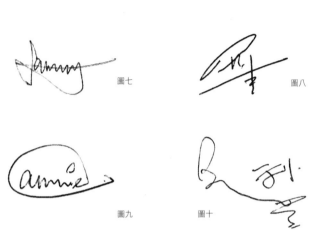

Damon Chan 陳下文　　圖六

圖七

圖八

圖九　　圖十

一、不可塗花自己的名字（圖七）

既然簽名是代表自己的形象，為甚麼要在自己名字上多加數劃呢？可有想過你多在哪些情況下塗污一個字？因為寫錯字？這個行為代表內心深處不同意現在的我，所以先要作否定。

二、不可有交叉（圖八）

小時候功課做得不對，老師會給一個交叉，簽名上有「交

又」，是自己想過而畫上去的，那表示你同意現在的我是錯的。

三、不可用線包圍名字（圖九）
這是為自己築起高牆，保護自己，不讓人家接觸，使生活變得更加封閉。

四、不能向下斜（圖十）
一般情況下，寫字逐步向下斜，表現了當刻不開心又失落的情緒，套用在簽名上，下斜的簽名表達疲勞、負面情緒與失敗的感覺。當你每日都是這樣簽，這等同不斷地重複消極的想法，對身心靈沒有益處。

可逆性（Reversibility）是腦袋傳達訊息的其中一個特點，那就是說，我們可以從一個人的字跡，看出他的個性；同樣，亦可通過改變字跡，改善性格上的不足，這種專業的名稱叫「筆跡治療」。或許你會給「治療」二字而嚇怕，不過我要告訴你的，是簡單不過的事情：在簽名上，為自己設計一個較好的簽名，避免上面提及的四項錯誤，你也能自療，因為你很多機會簽名，每次簽名，也是通過你的手，訓練着你的腦袋，所以不防用心去想想怎樣簽。

假手於人？

曾在一個晚宴上，遇上不少新認識的商界朋友查問關於簽名的問題，想從簽名式樣知道朋友與工作夥伴的個性，希望能知己知彼。正如前文所說，這並不容易，因為簽名筆劃不多，只能簡單地勾畫部分個性，但要做到準確無誤，卻又是另一回事。

此話何解？因為大部分人的簽名都跟平時所寫的字或有所不同，若你回想當日是怎樣為自己設計簽名時，是曾經深思熟慮過的，因為你希望找出一個設計獨特，又能代表自己的簽名。既是這樣，簽名並不單單是你的個性，當中又蘊含着你的理想與個人形象。

其中一位朋友問：「何不找個專家，為我設計一個最棒的簽名，讓我不必費心！」

若簽名是一個商業產品的話，交托專業人士去處理，那是達至時間效益的最佳方法，但簽名是專屬你的個人形象，亦包含了你的想法與你理想的個性，將其交托陌生人去做，設計出來的並不是內在真正的你。就正如在時裝秀上，模特兒穿上時裝設計師所設計的衣飾，在天橋上展現的只是天馬行空的概念與創意，並不太具有實際穿戴的功能。

套用在設計簽名上，每個人都有自己獨特的個性，腦袋會很聰明地指示手部的小肌肉，暗暗地從筆尖的線條上展示真實的你，你是唯一的。如果假手於人，就如穿上設計時尚但又不稱身的衣履一樣，並不順心而行。

曾經有朋友委托一位設計師代其設計簽名，他告訴我，這個設計師很慷慨，設計了十個不同的簽名給他，他選了一個喜歡的簽名，反覆練習去簽。最初他寫得很慢，寫出來的外形很相似，一段時間後，他發現他所簽的名字，不知何故，下加的一條線越來越短，並在前後出現了小鉤，而收筆前那垂直的一筆，卻又越來越長。我看他的簽名，並與他以前的簽

名對比，有小鈎的短線和長垂直的收筆，正是他自己以前的簽名特點。其實一個人原有的筆跡，並不會因為簽名設計的改變而更改，原來的你一直都在，又何必交托他人代筆。

塗鴉（Doodle）

說起「塗鴉」，大家必然想起那些潛藏在街頭巷尾的藝術家於牆壁上亂塗亂畫，為城市添上色彩的街頭藝術作品，在筆跡學中，「塗鴉」與在牆壁塗鴉的藝術創作不同。塗鴉是漫不經意地在紙上隨意書寫，最常出現於各類在公司開會時打發時間、上課時間無所事事，以及打電話時心不在焉的情況。你或你身旁的同事、同學或朋友有畫塗鴉嗎？

要知道任何塗塗畫畫的出現並非偶然，背後總有其意思，我們在進行需要精神集中的活動時，偶爾放空是正常不過的現象，所以部分朋友會寫字或塗鴉一下，基本上可釋放緊張的情緒。然而較重要的是在畫畫的時候腦子並沒有停下來，反而腦子正在高度活動中，於是經過手畫的 Doodle 會告訴你

需要知道的事情。我的其中一位師傅 Mrs Ruth Rostron 是在英國筆跡專家公會研究 Doodle 的專家,根據她的統計,較多女士表示會畫塗鴉。

雖說較多女士會畫塗鴉,但很多時候塗鴉多用於孩童的筆跡分析上,因為大部分年幼的孩子尚未好好掌握寫字,太深的字又未學懂,不過他們大多喜歡畫圖,並用上不同的圖案拼湊出他們筆觸背後的想法,所以要解讀年幼孩子的筆跡,Doodle 的解讀較為重要。

除了用於孩子上,塗鴉亦是了解開會人士心態的好幫手。畫寫塗鴉看來好像是無所事事,或是納悶時無意識的消閒動作,不過背後的意思殊不簡單。試想想,開會時候為甚麼會覺得無聊呢?是你不認同與會者的想法,但又不想在眾人面前說出來嗎?或者是覺得並沒有發言權?抑或很支持,但又不想說出來,避免被看成「擦鞋」?又可能是你有更好的想法?姑勿論是哪個原因,你的潛意識正通過你的塗鴉告知你,你內心的真正想法。

而所選擇繪畫的圖案,背後的意義十分重要,正好告訴你當刻她 / 他所關注的事情。較普遍出現的圖案有:

1.　　　圓形：喜愛人際關係、友善、熱衷自己的想法。

2.　　　角形：煩惱、理智、傾向進取。

3.　　　方形：實際、嚴苛、守規。

4.　　　星星：樂觀、有決心、決策。

5.　　　杯子：可以溝通、易受影響。

6.　　　拱形：要保密、需要保護。

塗鴉的圖案

以上只是各項圖案最簡單的解讀，而不同方向、不同組合的
圖形亦會有不同的演繹。

八歲女孩為爸爸打氣的圖畫

這張告示貼上的圖畫，正好解釋塗鴉背後的意思。畫中有很多張笑臉，不用多說也知道這是一幅開心的畫。各位如有留意的話，笑臉上的嘴，大多是杯子形狀，杯子形狀表示了畫這張塗鴉的小女孩易受影響；再看長髮女孩的嘴，卻是三角

形，這暗示了她覺得爸爸工作時，很進取亦很有智慧，所以要為這正義喝采！

為甚麼孩子會覺得爸爸上班很正義？事緣這位爸爸有一天下班後，帶兩位子女在商場找餐廳準備吃晚飯，突然聽到有人大叫：「偷嘢！」該位爸爸二話不說便幫忙追逐賊人，同場亦有熱心市民加入協助，極速將一名懷疑在店舖內偷竊的賊人逮捕，之後警方到場，一併將有關人士帶回警署落案。而當時兩位子女正目睹整個過程，並隨爸爸一同到警署。其中小女兒在等待爸爸協助調查時，畫下這張告示貼，偷偷放在爸爸的袋中。

告示貼上，除了畫有塗鴉，更寫有：「爸爸上班要加油！」每個字最底下的一筆，均是向上斜，表現出她很高興、很支持爸爸的工作。細看「加油」二字，簡直是興奮到要跳起來，因為爸爸的行為，感動了孩子，所以一定要送父親一句「打氣蜜語」。

在職的朋友，大抵也會在納悶的會議中，百無聊賴地在記事簿上，隨隨便便的畫上幾個塗鴉，就從書寫者記錄下的資料，大概也是跟銷售相關的，就如前所述，角形是表示要

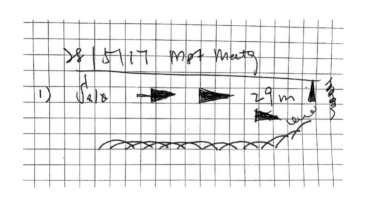

各位在職人士，開會時有在筆記簿上畫過相類似的圖案嗎？

傾向進取，但在進取的角度下，又似乎為書寫者帶來了煩惱，再看連綿不斷的拱形，較好的方法應該也是好好保護自己為妙。

第五章

從筆跡分析

看能力和個性

筆跡分析的應用，
協助你更了解自己、
不同年紀的家人、
朋友與工作夥伴。

筆跡分析的應用

談及筆跡專家，大家必然想到他們在法庭上分辨簽名的真偽，但其實筆跡專家還不時在日常生活為大家提供不同幫忙。例如在人事招聘上，筆跡專家會為應徵者與其申請職位進行配對；亦有助團隊合作，找出團隊成員的能力與溝通方式，加強合作效力。在家庭與個人方面，有助發掘兒童的天賦、興趣與合適的行為教養方式；為夫婦找尋更合拍的溝通模式；也協助未婚男女配對合宜的伴侶；亦能找出個人成長潛能與欠缺、隱藏的健康問題，從而作出改善。

從以上的例子所見，筆跡一直在演繹着人生的不同成長階段，跟平凡或不平凡的經歷、生命中的高低起落交織在一起。筆跡從你第一天學執筆畫線開始，隨着你生活的韻律共

舞，你高興時，你的字跡隨你心情而尖叫，興奮地跳起來，為你喝采；你悶透倒下時，筆尖又隨着你那下垂的心，相伴而往下斜，支持着你，無時無刻，相陪在你左右。

我們明白，不同階段的你，有不同的關注與想法，筆跡亦有所不同，所以我們需要以不同的成長階段告訴你筆跡分析的應用，協助你更了解自己、不同年紀的家人、朋友與工作夥伴。

成年人的性格，源自孩童時期、整個成長期間所經歷過的人與事。英國發展心理學家約翰・鮑比（John Bowlby）的「依附理論」（Attachment Theory），解釋了幼童成長過程中與較親近的照顧者的關係，如何影響日後的社交心態與態度，因為依附所產生的安全感有助孩子的情緒發展，能自由地向外探索，找出自我的概念。

所謂「依附」，並不如我們普遍的想法，即所有事情全由父母安排，「依附」所談及的是照顧者照顧孩子的態度，例如照顧者對待孩子的行為不一致，讓孩子常感到焦慮與沮喪，亦有些照顧者對孩子反應的敏感度很低，又或是沒有耐性對待他們，結果孩子多會選擇逃避社交，對新事物的興趣並不

多。所以父母與孩子之間的關係，對孩子的心性成長尤為重要。從筆跡上，我們能看出父母與孩子的關係、甚至孩子眼中的父母是怎樣，好讓父母能適時調校合宜的教養方式。

另一位德裔美籍發展心理學家艾瑞‧克森（Erik Erikson），將人格的發展分為八個階段，每一階段各有不同的特徵與任務。與兒童成長相關的包含了五個階段：由出生至兩歲，是與主要照顧者（primary caretaker）信任的建立；兩歲至四歲，是自我的建立，那是學懂自律與感到羞愧的表現；四歲至五歲，要自發主動，並學懂責任感與愧疚感；五歲至十二歲，開始學習待人處事的能力，為此而奮鬥，若未能做到，或感自卑；十二歲至十九歲，是自我角色的認同與混淆，這時期的孩子多從同輩中找出自己。

在筆跡學上，因應不同成長時期的變化，孩子所寫的字會因此而不斷改變，所以我們較關注孩子成長期間情緒的改變。愛與關心對他們是重要的，通過筆跡分析或能找出端倪，好讓家人與老師及時處理，亦可明白孩子的想法多一點，促進雙方溝通，同時協助孩子找出天賦，讓他們的才能得以充分發展，而親子篇的案例分享，正好讓大家了解筆跡分析的應用，從而讓父母及老師更明瞭孩子的心事。

在前文我曾提及發展心理學家艾瑞克森（Erik Erikson）將人格的發展分為八個階段，在第五階段，稱為自我認同或角色混淆（Identity vs role confusion），即十二歲至十九歲期間的青少年，他們多從同伴朋友中確立自己的角色。

十九歲往後的二十年，直至三十九歲期間，是人際關係的建立，主題是親密或孤獨（Intimacy vs isolation），顧名思義，是學習愛、建立親密關係，並將身邊的人定義為朋友或伴侶；到了三十九歲至六十四歲，主要是以愛關懷，或是停滯不前（Generativity vs. Stagnation），這時期關注的是對家庭的關懷與養育下一代，以及建立事業，在人際關係的處理上，重點在於家人及工作夥伴；六十四歲以後為自我完整與絕望（Ego Integrity vs. Despair），那自然是回顧人生，帶着大智慧回頭看曾經在你生命中出現過的人和事，感到滿足嗎？

毋庸置疑，生命不是單一的個體，因為不同人與關係的出現，成就了與別不同的你，人越能與各種各樣的人建立聯繫與融洽關係，在不同經驗的相交中加強互動，銳化了你的個性與自尊感。很多研究也曾證明，親密與快樂的關係是身體免疫力的最佳泉源。

從個人及人際關係的案例上，我通過簡單的筆跡分析的技巧，讓各位明白如何運用筆跡分析，加強對自我的認識，以及協助調和人與人之間的互動，改善關係，讓愉悅於生命中常存。

職場生涯，從離開校園的一刻開始，佔據着人生的大部分時間。英國的會計專業技術人員協會於二〇一五年收集了二千份以十八歲至六十五歲成年人為研究對象的工作調查報告，結果顯示在英國成年人的工作生涯中，每人平均最少曾為六間工作機構服務過。同年，美國勞工部勞工統計局發表了一項全國性長期調查，研究項目為一生中曾經工作過的工作機構數量，研究對象是一九五七至一九六四年出生的人士，結果發現從他們十八歲至五十歲期間，每人平均曾經為接近十二個工作單位服務過，看似多吧？

在我處理過的有關職業的筆跡分析個案中，大概可劃分為兩個方向：一是初出茅廬的畢業生，很想知道自己是否選對行業；二是工作多年，在考慮是否可以轉行。其實很多個案都屬大學選了哪一科，而畢業後就自然又順理成章地加入「本科」科目的行業，為生活打拼，然後十多二十年後，看似成功，卻又感覺有點缺失，於是為人生的下半場，考慮在職場

上重新出發。不論原因為何，似乎職業選得對不對與轉工，是職場生涯中的重要課題。

在筆跡學的角度而言，關注點並非是職人選對職業與否，我們考慮的是個人的性格、才能與人事關係的處理方式，與哪些行業較匹配，或是現在的工作是否合適。如果現在的工作是合適的，那為甚麼要考慮轉工？有沒有其他方法可解決現時的困難？若現在的工作與自身的性格不合，但為了生活仍要繼續，又會有甚麼影響呢？有哪些可行的解決方案？

換轉角度，從僱主方面出發，筆跡分析可以怎樣協助公司招聘員工？要知道不同的崗位，要求員工的性格或有不同，公司的管理文化是否與求職者相配又是一種學問。那麼現在的團隊怎樣可以配合得更好，公司又可怎樣有效地激發員工的潛能，達至雙贏？

基本而言，從筆跡看出不同性格特徵、才能與溝通方式，從而解決職人是否選對合適的職業、顧主如何找到與職位及公司文化相配的員工，以及有效地激發員工的潛能，是無可置疑的一環，因應職場的需求，職人的智慧與理解能力、特別技能及興趣、處力壓力的模式，也應在評核之列。在整個工

作的生涯，是個人身份的確立，以及樹立生活質素的追求方向，確為人生帶來重要的影響，僱主與僱員要懂得去選擇，筆跡分析在此提供協助，就讓我從職場篇中的不同案例，解說筆跡分析在職場篇上的應用。

以下，就讓我分別從個人及人際關係、職場，以及親子這三大方向，為大家介紹如何透過筆跡分析，看出不同人的能力及性格。

個人及人際關係篇

所有關係建立之始，在於溝通，
有效的溝通在於能否
細心地聆聽他人的說話。

5.2

斷捨離

先從個人及人際關係說起,每個人的性格都不同,字跡自然也不同,不過某些性格特質都能在字跡中見端倪。

由日本收納女皇近藤麻理惠(Marie Kondo)出版的《怦然心動的人生整理魔法》,賣出達六百萬冊,並躋身《紐約時報》(*New York Daily Times*)暢銷書排行榜長達八十六週。近藤小姐的生活收納哲學,原為執屋之道,不過當中又滲透了收納行為與心靈之間的關係,這套生活哲學,在不經意與未有任何宣傳下在美國火速爆紅,近藤小姐亦於二〇一五年被美國《時代雜誌》(*Time*)選為全球最具影響力一百人中的其中一員。愛逛書店的你,有買過這本書照着做嗎?若感到依從這套收納哲學很困難,你可知是甚麼原因嗎?

在無綫電視的節目《蝸居宅急變》中，其中的一集曾提及儲物狂常儲物又不捨，所以斷不成，就讓我從筆跡分析的角度，解釋箇中原因，因為喜愛儲物的人也是有筆跡可尋。

An aged analysis of the debtors as at the end of the reporting period,
based on the payment due date, is as follows.

Stephen.
請申請收款項，

Today is 10 June. I will take the annual leave on
next week. But up till now, I don't have any idea

愛儲物的人的字例

這三份手稿都出自不同人士，你不難發現這些字都有共通點：就是字身較窄而長，中段部分有些微向左傾，而字體看來較細小，能寫這些筆法的人，多是很愛儲物，又或是屬於有個性的收藏家。

這些筆法與個性之形成，不說不知原來是源於孩童時期的「便便訓練」。佛洛依德的心理分析理論界定這時期為肛門期，因小孩在「便便訓練」中首次感受到不受父母支配，可以自行控制腸道產生「便便」的快感，這是心理上首次自決與獨立。當然「便便訓練」的結果，取決於父母對孩子的「便便」行動是讚賞或是懲罰，即是 ，對不「便便」的孩子進行責罵，反叛的孩子自然不服從而控制「便便」不排放出來。佛洛依德說這就是「要擁有」的性格之形成，我們亦定勝為「要控制」的性格。

回顧喜歡儲物的人，擁有的行動使他們感覺良好，他們希望終有一天可以擁有、儲藏所有心頭好。然而，這些物件適合自己嗎？合用的話為甚麼仍作儲存？這個想法似乎倒轉了主僕身份，將自己變做物件的僕人，等有一天可以為物件好好服務。從《蝸居宅急變》的參加者見到，「斷捨離」是開口容易、實行難，因為這是整個思想模式的改變，佛洛依德說

這是「緊握便便不放」，留住生命中的「便便」，又有何作用呢？

再說近藤小姐的收納哲學，強調的是在處理所謂「心頭好」時，好好與自己對話，有甚麼令你怦然心動，而要留住物件來緬懷過去原是一個負擔，反思你是要控制和掌握物件在手，還是倒頭來被物件所控，佔據生命？作為朋友，遇上這樣字跡的朋友，互相提醒吧！

愛的密碼

《詩經・摽有梅》寫道:「求我庶士,迨其謂之。」描述光陰有限,遇上心儀對象應當盡快開口,放膽求愛。然而遇上心上人或是面對現在的伴侶,又怎能使關係向前,邁進多一步呢?

所有關係建立之始,在於溝通,有效的溝通並不在於可以盡情地發表自己的想法,而是在於能否細心地聆聽他人的話,了解對方多一點。被了解與被認識的感覺是幸福的,筆跡分析在這方面提供了大量有用的資訊。我希望以較簡單的方法,讓大家知道重點。

首先,我們可以先留意字體的斜度。由於中文字的寫法屬方

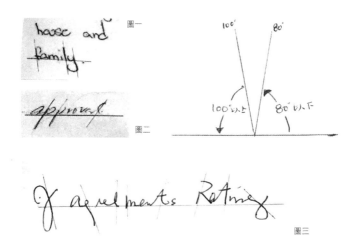

字體的斜度是以角度為單位，再分類為左中右三大類。

正，所以觀察英文筆跡是比較準確。一般而言，字體斜度向右（即在八十度或以下，如圖二）的人比較外向、主動與熱情，較願意表達自己的情感與喜惡，喜歡被接納，不過他們會較主觀，自由地讓他們說話是他們所喜歡的。

斜度向左（即在一百度或以上，如圖一）的人比較內斂與被動，需要私隱，遇上這樣的對象可以主動一點，不過他們喜歡有禮相待且有些私人空間，與他們預留些距離可以讓他們

心靈上舒服一些。

斜度在八十度與一百度之間的人較獨立及重視公平對待，所以有時看似冷漠，在處理關係上他們需要多些時間觀察才願意作出承諾，所以不能逼得太緊。

斜度左右搖擺（如圖三）又如何？他們就如牆頭草，多為自己着想，容易見異思遷，如果你是需要承諾的人，還是及早放棄他們吧！

除了字體的斜度外，字體的大小亦同樣重要。圖四字體大於十一毫米，屬於大型字，是外向一族。他們喜歡表達，自尊心很強，是想做就做、想說就說的行動派，有選擇困難症的人與他們一起可省卻煩惱，他們總有大量主意。

圖五的字體為九毫米至十一毫米之間屬中型字，他們有良好的社交手腕，尊重傳統與慣例，喜歡中庸之道以切合不同環境所需。

圖六的字體屬小型字，寫細字的人心思細微，觀察力強，為人表現謙遜，並不喜歡成為鎂光燈下的一員及參與人多的社

Thank you NANCY 4 UR

Chinese characters AND

This volume brings to

→13mm

圖四｜字體的大小以毫米計算，並分類為大中小，十三毫米高為大型字。

it's not any easy tr

at the begining but i

10mm

blessig to heve the op

to come here.

圖五｜十毫米高屬中型字

Pattaya not only is a Top attraction in Thailand,

↕ 7mm

spread all over the world. This is because there are a r

in Pattaya, such as Pattaya Beach, Jomtien beach, Koh

圖六｜七毫米高屬小型字

交活動，他們多會是忠誠及忍耐力較強的伴侶。

就以上所說，字體細小的人就是忠誠而又有承擔的伴侶嗎？這個問題既複雜又簡單，複雜在於並非以單一寫字模式或筆劃就能決定，筆跡分析是整體性的，當中包含了寫字的力度與清晰性，以及文書在紙上的布局等等，這需要更深入及專業的知識。

不過，各位可以簡單地觀察字體的一致性及穩定性。那就是說斜度須為同一方向、字體不論大與小、字距與行距一樣，

較能表現出忠誠及有承擔，行為及行動上亦大概能貫徹如一；另外，文書亦要清晰地讓人看清所寫的內容，圖六完全符合這些基本原則。若斜度左搖右擺，大小不一，行為與言詞不一，又有可能反覆無常，要怎樣選擇？你應該很清楚。

英文有句格言：「You won't have a second chance to make the first impression!」初次見面又能傳達適當的言語，確能大大提升友誼度，使用不同的溝通方式，確能令交流與認識的過程更加順暢。有初步的概念，簡約知道是怎樣的人，才能慢慢決定是否找對了。

搵個好業主 / 好租客

在香港要置業安居或是找一個車位並不是一件容易的事，解決這些的問題，唯有靠租。一般情況下，相信大部分朋友都會經地產經紀找租盤，不過屋苑會所的交易廣場租賃廣告亦不失為一個好的選擇。面對會所交易廣場租賃與徵求的手寫廣告，你會怎樣選擇一位好業主、好租客呢？

圖一個及二分別由不同的業主及租客，在同一格式的表格上填上各自的需求。雖然是同一表格，但字體表現出來的感覺各有不同。曾經有讀者提及招聘員工時，多選擇字體端正清晰的求職者，其實這已行對了第一步，因為清晰的字代表書寫者願意讓人知道自己的為人，簡單又直接，就如圖一的字一樣。

內容 Content：

公務員誠租三房或
四房. 現居本邨.
乾淨企理, 少人住

圖一｜來自一位需要被關注的租客的徵求租屋租務廣告

① L3 -RA 車位, 要經 L3 會所出入, 或 6 座旁往 ▉▉
　▉▉▉▉ 的穿梭電梯出入停車場。

② 亦可經秀邊樓梯或車道往 L2。

③ 9月1日起租。

圖二｜來自一位謙遜又細心的業主的出租車位租務廣告

不過若大家細心留意的話，你會發現該位租客每個字的大小最少佔據三行，字寫得很大，或許他是想所有路過的人都要看得清楚他在寫甚麼。不過你要知道，填表格的作用是要作「標準化的規範」，從這方面去考慮，他徵求租屋的人並無遵守規定，或許他認為字體夠大，吸睛程度較強，但在筆跡學的角度而言，越大字體的人越需要被關注，「我是很重要的」是他的口號，所以事事也要徵求他的意見，他不會修飾表現自己的感受。再看字與字之間緊緊貼着，作為一位業主，若要面對這樣的租客，很大可能事事由租客作主導，而租客亦是一個很有要求的人，亦希望得到業主的重視，所以租客一定很直接的要求業主特別關注他所承租單位的裝修或配置，所謂有話就是直說，就是這樣的字。

業主的字，正與租客的字相反，字體屬小型且靠左斜，字距保持半個字的距離，反映業主為人謙遜、細心及有條理，不喜歡被煩擾，但有商有量。作為租客或業主的你喜歡那哪種類型呢？

有心人的意外

社交媒體曾經瘋傳一張好人好事的相片，這張相其實是一張單據，不過用手寫上了感謝備忘：「Your breakfast is on me today. Thank you for all that you do for serving others and running into the places everyone else runs away from. No matter your role, you are courageous, brave and strong⋯ Thank you for being bold and badass everyday! Fueled by Fire and Driven by courage - what an example you are. Get some rest! Liz」，內容大概是：「感謝你為大家所做的一切，無論你的職責如何，你都勇敢無畏，為我們的好榜樣，所以今天的早餐就由我付賬，請休息一下。麗茲」

這個感謝備忘，是由一位在新澤西州工作的女侍應麗茲

（Liz Woodward）所寫的。話說某天早上，餐廳來了兩位客人，點了咖啡，麗茲無意中聽到他們的對話，知道兩位客人是剛下班的消防員，在到餐廳光顧前正為一個倉庫的失火不眠不休的工作了十二小時。為表示對兩位救火英雄的謝意，麗茲決定自掏腰包，為客人付賬，並親自製作點心，慰勞他們，亦順手拿來單據一張，寫上感謝！

兩位客人對麗茲的心意感到很窩心，於是上傳這張相到Facebook，告知朋友關於麗茲不吝嗇付出的善行，若朋友光顧這家餐廳，請給麗茲多一點打賞。誰知這個帖文感動了很多網民，有網民知道麗茲的家境困難，當時亦正為因腦瘤而長期臥牀的父親眾籌一輛可安放輪椅的小貨車，希望讓父親見到外面的世界。沒想到就是因為這張手寫單帶來感動，麗茲原本是籌集一萬七千美元，在網民的呼應下，結果共收到八萬四千美元。

原來，麗茲的父親曾是消防員，她明白消防員奮不顧身的危險，所以特別感謝他們，而這個真心的表達，卻換來意想不到的「意外」。

麗茲與消防員的故事感動人心，究竟有正義感、勇於表達

又有愛心的人的字會是怎樣呢？

就如下兩張圖片所見，有愛心的人，大多愛將字寫得較圓，字母中間部分特別大，字體與 Copybook 的相若，字母之間的距離較為密集與相近，能寫這種字形的人多勇於表達情感，很重視傳統倫理、親情，亦很尊師重道。

The followings sentences are ext
the exhibitions of "Catherine the
Scotland Museum in August It
are from Catherine the Great
they are quiet threasting.

English can be written in several ways. To pass
the BIG exams am I best to use simple, succint
English or academic. flowery English.

有愛心的人所寫的字例

情書

早前收到恩師 Mrs. Ruth Rostron 從英國寄來一封親手寫的信，說近年很多人也不會親手寫信，溝通多靠電郵，所以特意寄來親手寫下的信一封，好讓我從她的筆觸好好思念一番。

香港與英國相距甚遠，師徒交往大多時候也是電郵作通訊聯繫。說真的，電郵的字體模式千篇一律，甚沒個性，相互回覆內容後，就此作罷。試想想，你每日面對多少個電郵？有多少個電郵你會珍而重之，留待日後再慢讀細嚼？來得實際一點，倒是電郵郵箱的空間較重要，按一下刪除鍵比較暢快稱心。

你有多久沒有收過手寫來信？家中的抽櫃仍存有密友寄來

的信、明信片或是生日賀卡嗎？有寫過信給自己嗎？在北京 798 藝術區內，有一家名叫「熊貓慢遞」的店舖，這是一間時光郵局，只要在這裏買下明信片或信箋，寫上心思，交託他們，便可於指定日期寄出，日期可以年來算，我親眼見過，一對年紀老邁的港人夫婦，一次過寫下十張明信片，要求分十年寄給居住在屯門的女兒，亦有人寄給三年後的自己，相信收到的一刻，別有一番感動。

在我收集的手稿資料庫內，我找來了一張於一九八〇年寄出的明信片，大概是一位名叫 Pauy 的人，在旅途中記掛着收集明信片的 Julia，所以在旅途中買下了這張明信片，特意從當地寄出，送給 Julia，不過在明信片上，又說他亦買了其他明信片，寄給其他人。

內容看似簡單，再細想又有點無私顯見私。先看 Pauy 的簽名，第一個英文字母特別大，最後的一筆額外地加上一條輔助線。而內文的細楷「t」上面橫的一筆，左邊較長，雖然斜度頗正中，但字是較大的，這表現出他有目標，心口帶着個勇字的大無畏精神。再看行與行之間的距離相當緊貼，甚至上一行字母的下區域，已穿過下一行字母的上區域，看來是想到便要馬上進行、馬上宣告的行動派；但

Pauy 寄給 Julia 的明信片

斜度正中又把他帶回現實和規矩的重要牲。當然，Pauy 在
寫 Julia 的時候，並不會察覺他在寫「Julia」這個名字的筆
觸特別細緻，筆劃的顏色比較深，字速亦明顯放慢，原因
是 Julia 在他心中是有些地位的，所以寫出來亦見緊張的筆
墨。此外，你見到地址上稱呼 Julia 為 Julia Swees 太太嗎？
這稱呼在 Pauy 心中似乎不妥當，所以你會見到「MRS」當
中「RS」兩字不合理地自動上升，亦比「M」字細，很明
顯 Pauy 也清楚知道他思念 Julia，也自知是不對勁的，但
思念的感覺卻沿着筆尖，漫漫滲透在信箋上。

回家

漫步在倫敦的小街，遇上正在關門放長假的中餐小館，店主為怕相熟客人及鄰近學校的學生誤會小店結束營業，特意貼上通告，告之顧客店舖需要暫停營業一段時間，原因是店主掛念着仍在家鄉年紀老邁的親人，需要回家探望。

店主在外多年，亦深深明白思鄉的那份懷念與陌生感交織在一起的情緒，人在外，要慰藉心靈，緩解思鄉之情，作為食店東主，清楚知道味道定能勾起萬千思緒，直接吃點家鄉菜，無論味道如何，那份吃了多年的親切感，或是那份對着曾經多年同枱吃飯的親人與朋友的掛念，是無可取代的。

Dear Customers,

We will be closed from the 26th Aug. 2018 for annual holiday, re-open on Monday 8th October 2018.

Sorry for any inconvenience caused and look forward to seeing you on the 8th

Thank you ☺

餐廳的放假通知英文版

因家中老人年迈，需回国探望，故8月26日起将暂停营业，10月8日起恢复正常营业时间。如身边有朋友或同学未看到此通知，麻烦请告知。给大家带来的不便我们深感歉意！感谢大家的长期支持，假期后见！

餐廳的放假通知中文版

店主的通告分別用上中英文寫上，從筆跡的角度而言，無論中文或英文，在紙張空間使用上看是沒有分別的，原因是無論哪個國籍，我們雙眼在三維空間感的處理都是一樣；若眼睛有缺陷，則另作別論。

這份中英文版的通告，讓你考慮的是中文與英文的分析方式與結果是否存在分別，不過我可以簡單告訴你，兩者最大的分別在於字形結構上的不同，只要能熟悉中文結構，自可用同一程序去分析。

此外，空間的使用方式、寫字的斜度、字距、收筆方式、標點符號的細緻度、筆觸力度投放等方式大致相同。細看店主的通告，或許你會留意到，將每一個字獨立看，每字的底線也是向上斜的，正因為店主寫通告時，正興奮地期待着回家探望親人，那份喜悅是無法掩飾的，尤其是店主特別掛念家鄉老人家的心情是完全埋藏不住。

店主的中文字較向右傾，而英文又向左，那是因為店主小時候是在中國受教育，觀店主的字，字距較密、開口線條打開，他大抵是一位性情中人，待客以禮，外向與多言，使他更關心身邊的朋友與食客，所以特意通告客人，避免食客因白行一趟而失望。

你敢走！我敢嫁！

曾經有一位內地女子穿着婚紗，帶着百萬元人民幣與一輛名車向男友求婚，而唯一的要求是要男友走過一條高空玻璃環廊，便可全收一百萬、名車與抱得美人歸。這位女子這樣做，是為了讓男朋友克服畏高的恐懼，而最終的結果是：其男友無論怎樣被身邊的朋友推，也推不進去，反之轉身而去，頭也不回。

根據美國精神醫學學會出版的《DSM-5 精神疾病診斷準則手冊》，驚恐症的患者會突然出現強烈的恐慌，同時身體亦出現不適，例如感到呼吸困難、頭暈、有麻木感、心跳加速及噁心等。患者擔心這些感覺會不斷出現，而這些症狀已持續六個月。

從那個求婚的視頻上見到，該位男友說：「越被刺激這點，就越是受不了！」難道這些驚恐症狀，就能在剎那間被治癒？其實，有這些驚恐的情況，是需要接受專業的治療。

Happiness

You cannot buy your happiness. 'Cause happiness is free. Don't you know, or can't you guess, It's there for you and me. And what you do with what you've got, can change the way you feel. Just do your best and smile a lot.

追求完美卻又事事焦慮的字例

從筆跡看出屬那種驚恐症狀並不容易，亦需更多的臨床實證，不過，驚恐的前身是擔心與焦慮，這個比較普遍，普遍的程度連地道常用的廣東話也有「蛇 quare」（英文 Scare 直譯音）一詞，究竟常憂慮的字是有哪些特徵？

圖中的字是來自一位事事焦慮的人，你看這些字的字體細小，每個字母的一彎一直都要寫得很準確，亦無相連。這人在寫字時，傾向做到字字完美，最好就能做到打印出來的模樣，但人手又怎能與機器相比？

此外，字的傾斜度較直，而寫字的力度很重，力度很重主要是因為緊張，所以不自覺地用力執筆，手腕的肌肉收緊，移動不了，唯有用力。從寫出來的字看，字速很慢，其一是因為一筆與一劃之間的轉變，因手部肌肉收緊而變得緩慢，其二是為了要寫出完美字體及筆直的底線，由於在心態上習慣對自己有很多要求，所以習慣憂慮。君不見收筆一刻的筆觸都是鈍鈍的嗎？所以簡單的事也會令他們很緊張，要多加留意。

力筆從心

偶爾在街上，遇上這個店舖的頂讓廣告，由於是晚間時分，加上對面商場大電視返照的光影，顯得份外陰深與淒清。

在銅鑼灣的一個店舖頂讓廣告

店主似用上軟性毛筆，寫上：「旺舖轉讓，拒絕再玩」。要知道使用軟性筆頭的毛筆時，運指、提腕、動肘等動作，對肌肉活動操作及使用力度控制的要求，相比使用硬筆較有難度，所以寫字是身體與腦部認知的配合，那就是古人所說：「心中有字、手中有字」的意思。

執筆的動作，是肌肉收緊與放鬆的自然關係，直筆收緊，橫筆伸展，向上收筆放鬆，那是自然的動作，寫出來的字，自會粗幼有道，力度輕重平均自如。「旺舖」直筆有力，回筆的「旺」雖輕，但在條線上並無出現明顯的粗幼效果；另外，寫出來的字形兜轉又如繩結狀，書寫人的內心正潛藏着被「纏繞」的掣肘，書寫者對於是否能成功地找到合適的人選作轉讓，有所顧慮。

軟性筆的好處，是寫出來的字多有粗幼線條，讓人看清輕重力度的分布，而一般使用的原子筆，只要把紙張返轉，用手一掃，就會感覺到力度深淺。

寫字的力度穿透紙張

就像上一篇文章討論過的手稿，其背面單憑肉眼就能看到像雕刻的模樣，這樣的力度極不尋常，因為深淺是肌肉收縮與放鬆，若力度全是深，那是過量的控制，反映書寫者因有太多憂慮，也有很多堅持，所以未有一刻放鬆過自己，唯有律己以嚴，狠狠抑制深藏在內心的失望、憤怒與焦慮，苦無出口。若在字上出現一些如墨水噴濺的樣子、收筆尾部很粗，以及較凌厲的刪除線，那就表現了：憤怒是要經暴力方式解決！值得注意。

常在你左右

父母疼愛自己的孩子，希望多陪伴孩子的成長，照顧日常所需，然而因工作關係，如此重任唯有交託家庭傭工。要知道香港現時有三十多萬名外傭，她們來自不同國家，背負着不同的文化背景與家庭狀況，而她們的共通點就是離鄉背井來港賺錢養家，當中所承受的壓力絕對不容忽視。

有朋友與我分享一個外籍傭工的真實個案。

圖一與圖二都出自同一位外傭的手稿字，圖一屬工作初期的字，每個字母呈長形且字母與字母之間距離較貼近，代表外傭很希望、亦需要有貼心的閨密傾談，可能因為人在外，兒時朋友與相知同鄉並不多，人生路不熟，所以對於

No one could ever take
And everything 2 have 2
My Lord, the One 2 h

圖二｜同一位外傭後期的字

Down at Your feet, oh l
Is the most high place
In Your presence, lord
I seek Your face, I seek

圖一｜一位外傭初到香港工作的字

參與社交活動顯得擔心，亦多與人保持距離。因為她對自己或其他人，並無信心，故此時常自我操控，亦要求僱主家中小朋友事事遵從。

圖二屬後期的字，細階「t」的底部向左，每個字母的闊度比之前更窄，鈎是具批判性的，暗示了自己做得不好。為了掩飾自己認為的缺點，所以逐漸將自己的不足轉化，繼而要求更高的操控，希望成為話事人；而細楷「f」的底部比以前更長且尖，你見到尖端上的角位停頓了嗎？那表達了怨憤，字的大小不一，底線亦呈彎曲，這是需要留意的，這一刻外傭的情緒比較波動。

再比較兩圖，圖二的大楷「o」字多了內圈，這是「講大話」的其中一個特徵，而大楷「L」則由垂直一劃變成一個阿拉伯數字「2」字，這是不尋常的自卑感作祟。

話說主人發現外傭常自把自為，並不依僱主的要求工作，每當僱主的意願與她不相符時，家中的物品必有所損毀或遺失，當然她會告訴僱主是正常的損壞，實情是她在破壞，以宣洩情緒。

僱主亦曾經發現,孩子每向父母提及工人姐姐不當的事,而又被工人姐姐知悉,孩子的水杯便有異味。既然住在同一屋簷下,愛孩子的父母,請多加留意外傭的情緒。

每人的心中總有一團火，

帶着目標去工作，

總比如死魚般在時間上游走好，

不過一人之力並不足夠，

總需要一些相似的工作夥伴。

5.3

CEO 的本色

同樣地，筆跡分析亦能應用於職場上。

位於美國的西雅圖大學（Seattle University）及南阿拉巴馬大學（University of South Alabama）曾經用多年時間收集美國本土首席執行官（Chief Executive Officer，簡稱 CEO）的背景資料，包括家庭背景、學歷、喜好、性格及日常生活習慣等，研究能夠成為 CEO 所具備的條件。研究用上了各類有關管理方式及性格分析的問卷，當中包括筆跡分析。結果顯示，CEO 的筆跡大多表現出下列特徵：

一、字跡穩定與版面組織整齊。穩定是指字體大小相若、筆跡壓紙的力度均衡、字體的斜度平緩。從整篇文書的角

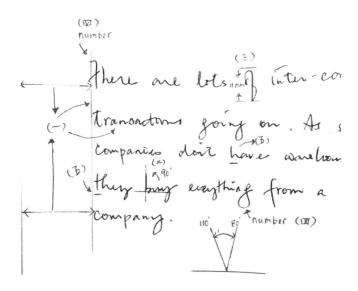

There are lots of inter-co
transactions going on. As s
companies don't have wareho
they buy everything from a
company.

(四)
number

(三)

(五)

(二)
90°

number (四)

110° 80°

CEO 的筆跡特徵

度而言,白紙黑字的表現是有規律的:頁邊與字之間的空白位置對稱均一、字距與行距勻稱。這類人的情商穩定,組織能力強,並要求自己的生活有紀律。

二、寫字速度較快,但字字清晰,英文字的斜度約八十度至一百一十度之間。「不用急,但要快!」是他們的口號,

這些人思維與行動敏捷，他們的想法較獨立及着重邏輯性，並以多角度探求不同的意見，以支持可行的部署，所以較容易作出客觀的決定。

三、字體大小屬中上或較大（在英國，標準字體大小約八毫米至十一毫米）。這類書寫者對前景的看法較合理，而且多切合實際狀況，預期計劃多為工作夥伴所接受。

四、有些英文字母寫得像數字。他們對數字的敏感度高，在計劃與行動的同時，亦相當明白為公司的財務報表尋求最佳利益。

五、簡化部分英文字母。簡化的意思是，看似少了筆劃，但重要的部分還是讓你看得清清楚楚，這是創造力的表現。

台灣中央大學的研究人員考慮到中國與西方的文化不盡相同，西方的筆跡分析結果演繹是否能應用在中國人身上，確是一個疑問，於是他們找來一百二十一位從事管理階層工作的中國人為研究對象，並用西方的筆跡分析方法分析從事管理階層工作的中國人所寫的英文字，以找出領導才能與管理方法等。與此同時，這批管理階層，亦進行了另

一個被國際研究人員認可的有關中國管理文化與管理方式問卷測試。之後，研究人員將筆跡分析結果與問卷測試結果作量化對比，結果合乎意料之中，中國人寫英文用作筆跡分析，能找出領導與管理才能，所以英文筆跡分析的方法，也能應用在中國人的管理文化上，亦能協助分辨出不同的管理風格。

各位，你寫的字，有上面曾經談及的特徵嗎？

愛與誠

每人的心中總有一團火，帶着目標去工作，總比如死魚般在時間上游走好，活出正向的工作態度，可讓生活充滿活力感與影響力，不過一人之力並不足夠，總需要一些相似的工作夥伴。問問自己，你曾經遇過用心的團隊或充滿熱誠的工作夥伴嗎？或者你會說，這就要靠人事招聘的命中率了，不過正如前文所說，一切也是有「筆跡」可尋。

右頁的手稿，斜度輕微靠左，寫字節奏與行距穩定，將每個字分成三部分，各區域也是平均的，那就是書寫人有理想、有計劃，亦很清楚實際情況，找出需要與欠缺，將計劃推行，就算遇上困難，她亦會不斷尋求可行的方法讓理想實現。

親愛的戰友們：

　　從來沒說過，減肥是一件很簡單
的事，最起碼總會有點斷捨離
吧！但凡事，總要有一點點的付出，
只要你肯努力，沒有事實不成功的。

　　　　　　　　　　詩詩
　　　　　　　2017年11月2日

特別鳴謝營養師黃凱詩小姐提供其手稿

此外，手稿上的筆劃，多呈相連狀，而且每一筆的粗幼也是有序，每字的結尾部分，亦顯示了聯繫下一字的推動力，可見其思考敏捷具創意、有目標及先見之明，能將其想法統整，變得較系統化與簡單化，方便實際推行，並希望與人分享。

從字的底線來看，你會發現有數個字詞，在整行文書上呈向上，微微跳起的狀態，就如小孩為了讓大人看見興奮跳起的模樣，例如：「戰友」、「斷捨離」、「付出」及「努力」，這代表了這些字詞，在寫字人心裏面的重要性。這份手稿是來自一位營養師的，不期然會跳起來的字，表現了能見到參與減肥行列朋友的付出與努力，令她感到喜樂與滿足，當然「不成功」三字的底線往下斜，明顯表達她會為此耿耿於懷；這份手稿完美地顯示了正向的工作態度、熱誠和尊重專業。

各位從人力資源工作的朋友，若希望在遴選及招聘時，找個對工作有熱誠的員工，請留意上面提及過的筆跡特點。

待客之道

某天於海洋公園晚膳，離開時已差不多十時，始發現樂園
早於八時關閉，餐廳員工怕我們於夜闌人靜走錯路，沿途
陪伴，出口又遇上保安員，為了自己的冒失，連累他們留
夜，實在過意不去，馬上賠個不是！沒想到他們卻倒過來
笑着多謝我們，說為客人服務是他們的本份，他們很期待
亦感謝每一位客人的光臨！在我們離開後，看着他們拉閘
關門的一刻，有一點感動。他們那敬業樂業的態度，也是
有特定的筆跡的。

專注投入工作的字，字跡是有一定力度，即是說把紙翻
轉，用手在紙背上摸，是會感覺到字的線條，當然深淺分
明是最好的。此外，字的線條要多相連，字的頂部或底部

較突出，字身亦較修長，部分筆跡看來亦需出現如被墨水填滿的效果，就如附圖「園」字中間的口，有填滿墨水效果，表達了寫字者是一個愛吃、用心分享感受的人。

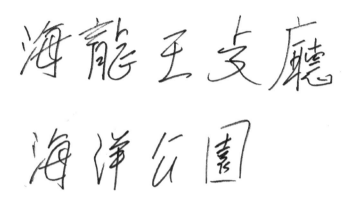

特別鳴謝名廚陳國強師傅提供其手稿

圖中的字是來自名廚陳國強師傅，他的字正正表達出對工作的全情投入。陳師傅的字頂部頗長、字身稍窄，且筆劃多相連、筆觸深淺分明，表現了對創作要有全盤考慮的要求，設計菜單並非集中單一菜式，而是由頭盤到甜品都要

濃淡有序，亦要有藝術感，對每一個細節亦要求跟足。

各位從〈愛與誠〉與〈待客之道〉兩篇中，能找出哪些共同的特點呢？當然我們從筆跡中訪尋的，是敬業樂業、對工作有要求、充滿熱誠、又能好好計劃並落實執行、亦不介意與同袍分享成果的人。這樣的字，相信絕對會是一個領導層。

心想事成

好一句簡單的祝福：心想事成！當中的意義殊不簡單！心想之所以能成，源於對願望的熱切追求與決心的相互交流，而成就於個人的內在推動力。

你清楚自己為何／為誰打拼嗎？你的筆跡早已告訴你內心的想法：

一、字體的大小洩露了你對受重視的渴求。字體小的，喜歡默默工作，不太願意受到注視，所以「名聲」與「地位」並不能推動他們；相反，字體越大越需要受到重視，他們就是怕你見不到他們，所以一定要寫得夠大！

二、寫字的力度顯示參與程度，力大又深刻的人當然是很努力又投入的人。力度輕的較易拿不定主意亦善變，推動力度不足，多半途而廢。

三、字體的區域共分三部分，不同區域透露了不同的個人基本需要，讀過管理學的朋友大概會知道馬斯洛的需求層次理論（Maslow's hierarchy of needs），在筆跡分析上，亦以此解釋個人需求與激勵方式。字體的上區域表達了自我實現與尊重的需求（Self-actualization and esteem needs），中區域是社交的需求（Love and belonging needs），而下區域屬安全及基本心理需求（Safety and Psychological needs），簡單地說，你的個人需求直接顯示在你寫字時集中的部分。

圖一的字集中在中間部分，透露了人際關係與自尊的重要性，他們很需要人與人之間的關懷與愛，以及自我情感的表達，以表示其存在的價值。團隊對他們而言，就顯得較為重要了，故此要激勵他們上進，為公司貢獻，必須讓他們成為團隊的一部分，他們較喜歡亦擅長處理人事與跟進日常工作。

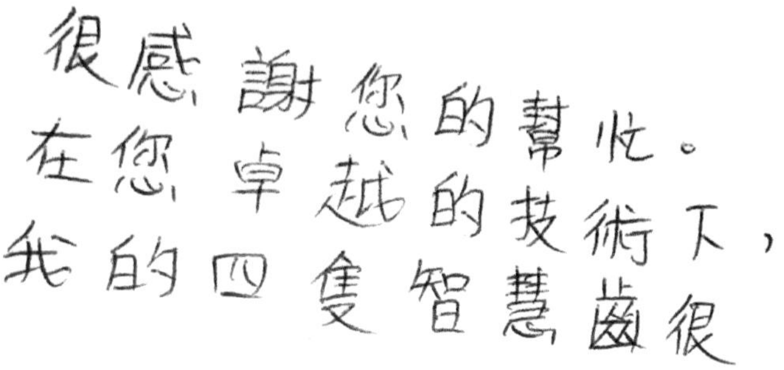

很感謝您的幫忙。
在您卓越的技術下，
我的四隻智慧齒很

圖一 | 集中在中間部分，代表書寫者認為人際關係是最重要的。

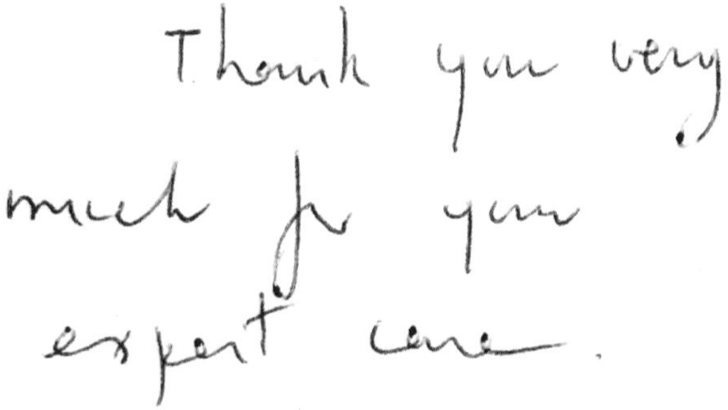

Thank you very much for your expert care.

圖二 | 集中在下區域，代表書寫者認為物質上的擁有與富足較為重要。

圖二的字集中在最底部分，物質上的擁有與富足對他們較為重要，只要目標與獎罰是清楚分明且實際，他們會朝這方向而行，因為他們是很好的執行人員。

圖三的字上半部較長，代表對智慧增長的追求，最大的推動力源於「腦力」的運用，他們很有理想與憧憬，亦懂計劃，故很多時候會在知識追求上着力，也有很多新意，無論是天馬行空與否，他們確是很喜歡學習新事物，亦不介意接受挑戰，做全新的項目。

就此，要在工作上心想事成，各位從圖一至三的暗示，可想得出怎樣推動他們嗎？

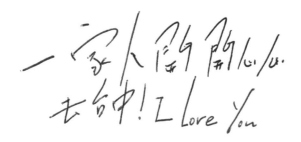

圖三｜集中在上區域，代表書寫者認為對智慧增長的追求是最重要的。

用心做或是
做「好」我份工？

在英國劍橋，我偶爾走進了「水石書店」（Waterstones），店內的書架上分別掛上了店員為推介的圖書親手寫下的介紹，為此我在店內駐足個多小時。當然我並非在「打書釘」或在書店內的咖啡室喝英國紅茶，我關心的是店員推介書本時所寫的筆跡，是否出自其真心？而書本內容又是否店員的自家興趣？

第一個要看的是店員介紹《縫紉聖經》（*Sewing Bible*）的手稿，從店員的字跡所見，其字形呈圓並集中在段部分，字母之間的連接並不多，而每個英文字的收筆傾向右鉤，字與字之間的距離較短，從落筆速度所見，筆者像小心翼翼地一筆一筆寫完每一個字。由此可見，店員是一個心思

細密的人，重視人與人之間的距離與交流，愛家庭生活，對藝術有要求且熱愛手工作品。我相信這店員會一針一針細緻地為家人完成縫紉作品，推薦這本關於縫紉的書是出於愛家與對工藝的熱誠，所以其推介是真心的。

May Martin's Sewing Bible
The doyenne of sewing & star of The Great British Sewing Bee shares the tips & tricks she has learned over the course of 40 years

店員真心推介，是位有工作熱誠的員工。

另外，我又在兒童文學的書架上找到了店員介紹《貓戰士》（Warrior Cats）的手稿，又與各位研究一下店員的工作熱誠。

既然書本是講述貓的故事，店員應該是一個愛動物的人。通常喜愛動物的人的筆跡，其中區域部分較突出，這位店員的字確能表現到，但這並不是單一的條件，還要看每個字母亦要較闊，而字的頂部要呈環形（即英文細楷「L」不能寫成數字「1」的模樣）。細看之下這位店員的字並無這樣的字形，所以店員並不愛動物；再仔細觀察，各字的底線相聯起來表現了彎彎曲曲的形態，這類人對他人觀感的敏感度很高，傾向保護自己，大多很善變，但又會將自己的善變合理化，故並非完全誠實。

再者，店員字字向左的斜度，表現了保守的個性，他們多從自己的角度觀看世事，覺得自己背負了很多包袱，所以事事擔心，亦盡量不表達意見。

由此可見，店員對動物不感興趣，亦不愛表達意見，但好書推介確實是其工作的一部分，為了工作還是要找本書介紹給讀者，誓要做「好」我份工。

Warrior Cats.

Four clans of wild cats go on epic adventures and occasionally 'rumble at midnight'. An amazing series for cat lovers everywhere.

以做好我份工為本的字

筆者在商場任職管理層多年，亦曾經管理過萬人的跨國公司，在招聘上，大多公司都根據履歷與面試表現去選擇合適的員工，然數次的傾談面見，並未能有足夠時間去完全了解求職者真實的一面。究竟他想找一份「做好我本份」的工作，還是「充滿熱誠」的工作？實在不容易看出來，因為來面試的人大多已經身經百戰，面試技巧已十分熟練，所以我選擇以筆跡分析來分辨求職者的工作熱誠。

制服誘惑

誰說電子世代不再用手寫字？其實只要多留意生活日常，
總不難遇上有趣的手稿。偶爾路過一間具香港本土特色的
茶餐廳，碰上了這個有創意的宣傳手稿。

茶餐廳的優惠廣告

196

第一眼的感覺是字字方正，雖說中文要夠四方，但這些字的寫法比較生硬，欠自然的圓度，且每一筆一劃的橫直也是清晰無相連。一般而言，這樣寫字的人大都很傳統、有禮貌兼重視紀律，會很小心地依規矩行事，對於不合規的事情會採取懷疑的態度，所以處事較務實，自制能力較強且有決心。因為安全的感覺對他們很重要，或許他們會是良好的紀律執行人員。

再看字的斜度多向左靠，中間部分又比較集中，每行後段字與字之間的距離較闊，但每字的最後一筆又盡量向右。寫這些字的人雖然不善於表達自己，但他希望盡量接觸到其他人，受到別人的重視，他會如實地說出事實的真相，不過關於個人私隱，他是很需要保護的。

或許你會問，這篇內容是宣傳的噱頭，還是真的「老細睇AV 睇到中毒」呢？再仔細看，你不難發現老細的「細」字筆劃有誤，「AV」的「V」尾又呈交叉狀，「中毒」二字又向下斜，反映其實寫字的人根本不相信「老細」會這樣做，所以潛意識寫「V」字時出現交叉及寫錯「老細」二字以示不同意，往下斜表明自己不相信「中毒」會發生，不過「餐廳惠顧」是確實令書寫者開心的事情。

很多時候，在招聘某些職位時，公司可能希望找一些乖巧有禮、守規律，以及尊重上司的員工，如前文所述，這類人士所寫的字一筆一劃都很清楚，寫出來的外形四四方方，大部分寫這樣字形的人，確是規規矩矩，跟制度程序而行。當然「針沒兩頭利」，如果是程序上沒有註明的事，要他們主動地去更改或跳一步是有困難的，因為灰色地帶並不存於他們心中，不過他們卻會老老實實告訴你他們的顧慮，就如〈制服誘惑〉通告中的書寫者並不相信老細中毒一樣。

生機飲食　

英國國民一向關心皇室成員的動向，尤其兩位公爵夫人的日常，聞說劍橋公爵夫人凱特保持無瑕肌膚與纖瘦身軀之秘訣，就是每星期進行最少一次生機飲食。

甚麼是生機飲食呢？生機飲食是指食用非加工及以不超過攝氏四十七度處理過的食物，目的是保留食物的天然酵素與維他命。不過大家或會想像：那就等同生吃那些淡而無味的原蔬果食材罷了！我當然也是這樣想！

偶然參與一個生機飲食的晚宴，開始前仍與友人商討晚宴後往哪處夜宵，然而開始進食時卻驚喜不斷。明知這是一頓全素宴，何來生蠔味道？大家好奇地問，廚師指示我們

嚐碟上的一片小葉，即明所以！令人驚嘆的是廚師 Tina Barrat 對食材味道的觸覺與創造力。

我隨即向 Tina 借來其手稿，讓我好好認識她。各位或不發現，Tina 所寫的是一篇法文手稿，如果大家仍記得，我在前文曾提及法國是最早深入研究筆跡分析的國家，所以筆跡分析的研究早期屬歐洲各國的文字，只是在第二次世界大戰期間，才輾轉傳往以英語為主的國家。因此筆跡分析，並不限於英語，那是國際性的，只要能夠明白當地的文字結構，任何文字也能分析。與 Tina 傾談，原來她來自法國南部，家中四代都是做香草食品行業，怪不得她對草本植物味道這樣了解。有所不知，原來她未做生機飲食廚師前，是一位珠寶設計師。

要怎樣才能知道從事藝術與創作的員工，是否具有藝術觸覺與創造力？Tina 的手稿正好展示了特點。Tina 所寫的字如大楷「D」、細楷「f」，在圈圈位置的空間特別寬闊，簽名與第一段用上大楷「I」的點是準繩的小圓，在筆跡上，特別寬闊的圈圈，正顯示了創造力。Tina 的藝術天賦與創意、對細緻與完美的追求，正好表現在她所寫的字中，與其說她是一位廚師，倒不如說她是一位味蕾藝術家。

IL ETAIT UNE FOIS UNE FILLE
AVEC PLEIN D'IDEES - ET QUI
CUISINAIT COMME ELLE FAISAIT
DES BIJOUX.

Il etait une fois une
fille avec plein d'idées et qui
cuisinait comme elle faisait des
bijoux

TOUT GLAMOUR
Tout glamour

特別鳴謝生機飲食廚師 Tina Barrat 提供其手稿

給吃貨的警告

綠色星期一，走進素食店，坐下抬頭一看，高掛在牆上的並不是是日推介，而是一幅大大的黑板，填滿一堆驚嚇數字：吃一個排骨飯有一千大卡熱量，要走 3.3 小時的路才能消耗，來個惹味的鍋貼酸辣湯，更要走路 3.6 小時……那我可以吃甚麼？

當然，素食店店主是要從恐怖的數字中讓你知道，跑「素」是顧客健康的不二之選，讓顧客吃得隨性點，品味廚師在素食料理上的心意，也沒有額外的健康負擔。不過，面對這樣的數字，我自會收斂，簡簡單單的吃一點便算，提出這個主意的員工，有否想過給客人反效果的機會？

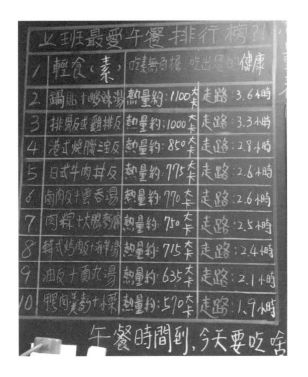

從填寫表格看書寫者的態度

看見這個黑板的報表，除了那些數字，讓我關注的是書寫人填表時在空間上處理的方式。填表格是我們生活日常中很容易遇上的事情，面對着表格一張，大多數人會莫明的

感到頭痛，因為填表者要將恰當的資料填入適當的位置，基本而言，書寫內容並非自由，而是有所規範，因為表格的提供者只希望填表人提供需要的資訊，既然如此，填表人只需如實相告便可以。

不過，填表人骨子裏的個性往往能在填表的態度、字裏行間表現出來。就如圖中大部分的字，都是安份地寫在格內，完全沒有寫出界外的傾向，那表示了書寫者守規矩、有禮、細心又認真處理要求的性格，所以填表時才會小心翼翼，盡量將字留在格內，更保守地與邊界留些距離。各位，你會這樣填表嗎？

公司在招聘時，大多要求應徵者，填寫公司的申請表格，人力資源部的同事，要求應徵者填資料時，可能會發現下列幾種現象：

一、不依表格指示，用兩行寫一個字；

二、隨意寫一點便算；

三、不願填寫，最多只是簽個大名，再加「詳見履歷」；

四、很耐心填寫每一個部分。

遇見第一個情況，我通常會問人力資源部的朋友，貴公司

的職位申請表格上是否預留足夠的空間給求職者填上資料？若表格空間太細，現象一就不是一個問題。而現象二及現象三大抵都是同一問題：是是旦旦或不屑一填，基本規矩也不跟從，未看筆跡，亦已知求職者的態度。而現象四的耐心填寫，如前文所說，其小心翼翼的表現，明顯是會認真處理工作的良好態度。所以，求職者如何處理寫在表格上的空間，也是很重要的暗示。

執筆寫字的
意義

在電子年代，大家多用 WhatsApp 或微信等社交通訊程式，作方便通訊之用，輸入訊息時或會用上不同的輸入法，有人用手寫輸入，亦有人用語音輸入，或其他打字輸入方式，以達至通訊之速效。不過，在大家方便通訊之際，執筆寫字的習慣亦漸漸減少，請問你最近一次執筆寫字是甚麼時候？

我一直鑽研筆跡分析，所以不時收集各方各界人士的手稿，因為每個人的手稿都是獨一無二的。筆跡分析的經驗是年月與練習的累積，不過，在向朋友收集手稿的過程中，多數得到的回覆是：「我已很久沒有執筆寫字了，所以寫得不美。」

在筆跡分析的角度，並無所謂的「美」或「醜」，每個人的手稿都是唯一，既然自己是那樣獨特，又何須為外人的目光而介懷？反之，應為與別不同的你而自豪，就因為你擁有不同的特點，人與人之間才得以互助與補足。

有從事人力資源的朋友告訴我，對於應徵者的字很有要求，並不希望見到組織混亂，看不清楚又「醜」的字。我的回應是，字跡的安排屬腦部的潛信息，與生俱來，所以任何人也有基本的評核能力，較深入的研究當然要接受過訓練，所以對應徵者的字，在組織安排上的見解，她是做得對的，但對於寫得不清楚，我卻有所保留。

關於看不清楚又「醜」的字，我相信或多或少你身邊總有一兩位字跡潦草的朋友，你可知道他們寫潦草字的背後原因嗎？其實，寫潦草字的朋友，關注的並非所寫的字是否能被看得清楚，他們需要的是怎樣能快一點寫出字來，好讓他們腦內的想法完全地被記錄下來。他們的想法實在很多，思路很敏捷，俗語說，是腦部「轉數快」的人，不過他們手部肌肉的運用又趕不上腦袋思想的步速，於是字變得潦草。因此，執筆手寫是他們的思考模式，他們並不考慮外人是否看得清楚，甚至他們自己也看不清楚，怎樣快

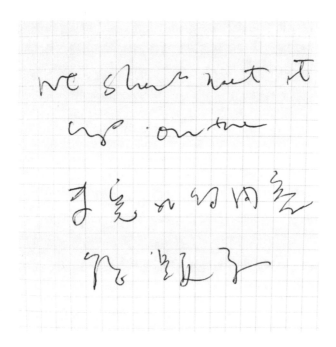

字跡潦草可能是才思敏捷的人

速地將思考過程記錄在案才是他們着重的。但當你問他們寫的是甚麼字時，他們會靠着即時從腦袋內召回的思路，然後告訴你那個是甚麼字。這類人才才思敏捷，在公司團隊中，總需要一兩位這樣的成員。

不同字跡的出現

都有其背後存在的腦部資訊密碼

與情緒意義，

孩子是需要多加鼓勵，

父母一字一言對他們來說

極其重要。

5.4

像爸又像媽

除了透過筆跡分析來認識個人與職場上的能力和性格,還能應用於親子關係上。

自孩子呱呱墜地一刻開始,一場愛與學習的旅程便正式展開。父母親朋多興奮地嚷着孩子的樣子像誰:像爸多一點?像媽多一點?抑或外甥多似舅?待孩子再長大多一點,又可能是另一模樣。

姑勿論孩子的長相會隨着年紀而變,他們從小接受父母無條件的愛與陪伴,對孩子而言,父母的伴隨令他們更有信心往前走,父母亦同樣學習愛與支持。

隨着孩子的年齡漸長，父母的角色亦隨之轉變：由開始時的照顧、規範與支持，漸漸變成孩子眼中的好榜樣。要知道，孩子很多時候都會找來喜歡的人，模仿他們的行為與說話；寫字亦一樣，孩子會參照他們較崇拜的人的筆跡，不期然的模仿，因為喜愛崇拜的人的性格，所以他們寫出來的字，往往藏有被崇拜者的筆法。

最終，究竟孩子像爸？或是像媽呢？

這次特別鳴謝友人提供他們一家人的手稿（見下頁圖），讓我在此演繹一下這個概念。

圖一的字，看上去每行也是彎彎曲曲的，但行與行之間並無交叉重疊，字字清晰，字距較緊密，顯示孩子有自己的一套學習方法。當得到鼓勵，或可以自由地表達自己的見解時，他會很高興；他亦不介意與朋友分享他的想法，因為對他來說朋友是生活上重要的一環。若以他的手稿與爸爸媽媽的手稿對比，你或許會認為不太相似，但我想請你細心觀察圖一與圖二的第一行：「盼望着，盼望着，東風來了，春天的腳步近了。」兩者字的斜度很相近，再看「東」、「來」及「天」最尾收筆的小鈎，還有「了」字，相似嗎？

盼望着，盼望着，東風來了，春天的腳卻步近了

一切都像剛剛睡醒的樣子，你欣然了

長走已起來了，太陽的臉紅起來了。

小草偷偷地從土裏金鑽出來，女救

野裏，嗎去，一大片一大片滿是的，坐着，身尚着，打

幾走道跑，捉幾回迷藏。風輕悄悄白

盼望着，盼望着，東風來了，春天的腳步近了。
一切都像剛睡醒的樣子，欣欣然張開了眼。
山朗潤起來了，太陽的臉紅起來了。

小草偷偷也從土裏鑽出來，嫩嫩的，綠綠的，
園子裏，田野裏，瞧去，一大片一大片滿是的，
坐着，躺着，打兩個滾，踢幾腳球，賽幾趟跑，
捉幾回迷藏。風輕悄悄的，草軟綿綿綿的。

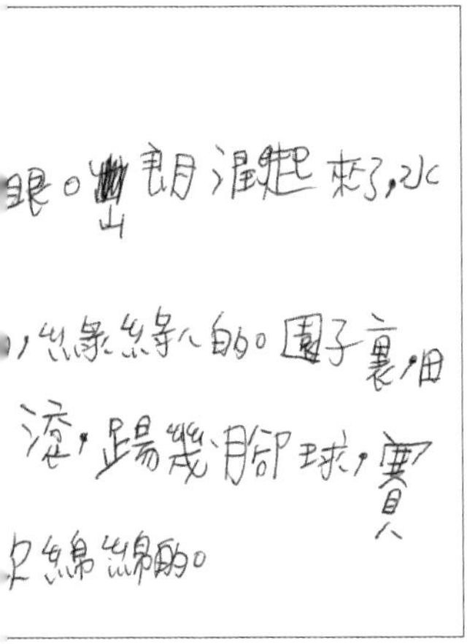

眼○山 朗潤起來,水

,綠綠的○園子裏/田

滾,踢幾腳球,實

綿綿的○

圖三

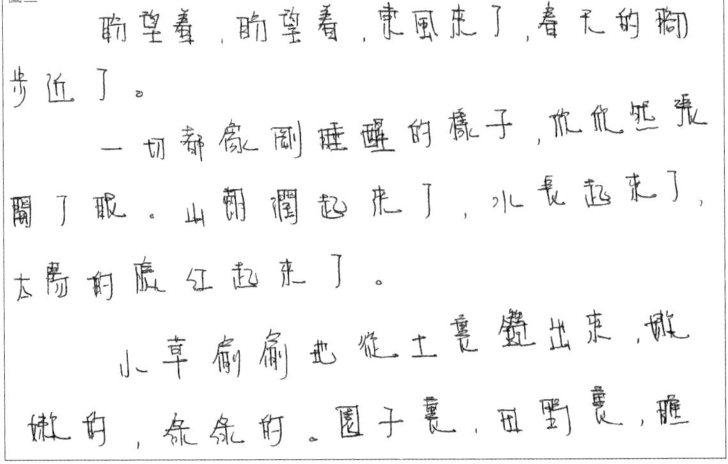

盼望著,盼望著,東風來了,春天的腳步近了。

一切都像剛睡醒的樣子,欣欣然張開了眼。山朗潤起來了,水長起來了,太陽的臉紅起來了。

小草偷偷地從土裏鑽出來,嫩嫩的,綠綠的。園子裏,田野裏,瞧

那麼圖一與圖三又如何？看似孩子和媽媽的字跡差異很大，卻又並非這樣。請看看兩者的字在紙張上空間的安排，同樣是縮排，而縮排的起始位置大約有兩、三個字的距離，這又與圖二的頂格書寫不同。

明顯地，在不同範疇下孩子聰明地為自己選擇。仔仔的生活日常的安排，大多由媽媽主導，仔仔較欣賞媽媽有條理、細緻與對時間觀念的要求，雖然這一刻仍未學懂全部，但仍努力着。相比之外，仔仔的字跡與爸爸的字跡較相近，顯示孩子除了視自己與爸爸的關係是父子外，更將爸爸視作朋友，一起玩樂，互相打氣，又會有義氣地互相保護與關心，亦以爸爸對朋友的態度作學習對象。為人父母者知道這些孩子的心意，應該也會心甜了。

親親我媽媽

身邊已為人父母的朋友大多關心孩子寫的字，然而小朋友年紀尚小，仍未完全學懂寫字，又怎可單從筆跡看出孩子的性格與情緒呢？

一般人的腦部發展大約於二十五歲才完全成熟，所以在二十五歲或以後才能準確地去評定一個人的性格，而兒童的筆跡評估，除了基本的手寫文書以外，圖畫及塗鴉也是一個重點輔助。

兒童作畫的目是為了表達其思維與感受，這對年紀特別小的孩子尤其重要。我們可以從圖畫的主題、畫面表現的情感、使用的顏色與構圖，看出他們有意識的想法，同時亦

需要考慮到及當中欠缺的畫像。

觀察孩子的圖畫，並不是從「我覺得」的角度去分析。溝通是雙向的，父母或老師可與孩子互動一下，讚賞他們用心地畫，欣賞他們的畫作，讓孩子感受到關心與被關注，然後由他們親口向你解說畫中真意，再向他們查問當中引發的問題，自然你會明白他們的心思和箇中關係。

而觀察孩子的塗鴉，則可顯示他們潛意識的想法。所謂塗鴉是指隨意繪畫的不同圖形，例如圓圈、星星、杯子等等。

孩子的禱告：七上八下的心情，顯示在高高低低的字上。

左圖是一個七歲女孩在主日學上畫的畫，畫中的內容是她向上帝的禱告，亦描繪她與媽媽的關係。在處理圖畫時，我們要留意的是畫紙上空間的安排，兩母女佔據在畫紙的中間位置，這表示了兩人的重要性，所以要小心處理；小女孩畫媽媽是杯形的臉，顯示她很喜歡媽媽，並深受着媽媽的影響，為此她很愛與媽媽說話交流；衣服上的星星代表她快樂的心情與自我陶醉；裙上的拱形條紋表達了她對女性化的崇拜；而圖中欠缺了雙腿，暗示她只想跟媽媽黏在一起，不願走太遠。

這個女孩覺得媽媽很美麗，又懂得裝扮，做女兒的希望有一天也能像媽媽那麼美。然而媽媽工作很忙，所以囡囡很珍惜每次跟媽媽一起打扮、學習的時間，希望與媽媽多一點親近，多一點明白她，心裏面崇拜着媽媽。由於親子的時間不多，有點失落，所以寫上禱文，請求天父垂聽。

再看旁邊寫的字：「是我媽媽和我」，從字面上看，字與字之間的底部分有點上上落落，顯示囡囡的心情有點忐忑，所以向上帝禱告。

兒童的畫作，是明白孩子心事的重要一環。

做個雙贏的父母

為人父母總希望知道孩子的心事與天賦，好能明白他們多一點，讓他們的才能得以發揮。

我在筆跡分析的工作上，遇過不少父母都很想知道孩子的狀況，所以交來孩子的手稿讓我分析。我曾多次收過相似形式的手稿：全張 A4 紙上只得不足十個字，例如寫上「媽媽叫我寫字給你看！」而這些字，又與交來的日常功課並不相同，以及每行的底線均往下斜。我亦收過將兩張 A4 紙寫得滿滿的手稿，而這兩張手稿是出自同一位孩子，只是每行的底線越來越往下斜，我向交來手稿的母親查問原因，原來她希望孩子多寫一點字給我看，結果着孩子寫了兩小時。

這些情況有一個共通點：就是孩子在不情願的情況下寫字。由於不高興，所以每行字均往下斜，要知道底線往下斜，揭示了寫字當刻失落的情緒；而孩子只寫數個字或與日常的字不同，表達了孩子不明白為甚麼要做功課以外的「功課」，所以隨隨便便又心有不甘地寫，因此父母不需要急切地要孩子完成使命，讓他們輕鬆愉快地寫，更易讓孩子表現真正的自己。比起寫得多、寫得快，孩子樂在其中書寫更加重要。

下頁圖是一個六歲小孩自發給我分析的手稿，手稿上的字，每行的底線也彎彎曲曲。以小孩的年紀計算，這屬於正常現象，因為腦部控制小肌肉的部分仍未完全成熟；她的字體較大，而且字母的中間段部分明顯較大且清楚突出，表現了孩子愛表達、愛學習的個性。

從字形上看，英文字圓，中文字方，標點符號細緻，反映她是一個有要求的孩子，所以寫出來的字，無論英文或中文，均展現了對藝術美感的追求。或許你會問：「你學英文筆跡分析，能應用於中文嗎？」讓我簡單說明一下，只要明白不同語言的結構，語言並不是障礙；再者，我們透過眼睛對四周事物的光譜產生的反應，刺激腦部，產生視

字體與字母的中間段部分較大，表現了孩子愛表達、愛學習的個性。

覺訊息，所以對紙張使用的空間感與語言並無關係，於是你會在圖中見到，無論是中文或英文，每行字都呈彎曲形狀，並靠左書寫，字距和行距亦相類似。

再看上下兩部分所寫、所畫的並非同一故事，分開英文與中文兩部分是有她的心意。在空間的使用上，亦早有安排，可見她是有充足的預備與計劃的孩子。最後，她將自己的簽名寫在紙張底部的中央，顯示她希望她的畫作是需要被注視的。

我的字很醜，
但我很聰明

十歲的小客人對我 ：「所有人都說我的字很醜，說多了，連我自己都覺得他們是對的，你是專家，我想知你怎樣看？我的字醜嗎？」

在未做分析前，他剛才說的話，讓你想到些甚麼呢？為甚麼所有人都說又不斷在說的事，就一定是對的？想清一點，隨意一句負面的批評，總比正面又有建設性，來得容易，然而你卻無法想像這「一句說話」的威力，孩子的想法就是簡單直接，因為在關係上對你的信任，他就信以為真了。所以換個方式，說話從正向角度出發，孩子或許因此而受用終生。

回歸正題，在筆跡分析的角度，手寫文書永遠充滿獨特的個性，所以並不存在美與醜。或許這樣會令人容易明白點，美與醜就是在於所寫的字是否清晰易讀或是模糊不清、寫在紙上是否看得舒服，以及字與空間的安排是否有組織及適當的平衡。

大多父母都希望子女寫得一手易讀的好字，亦預期女孩子的字比較整齊，但事實上，單憑筆跡是不能夠分辨寫字者的性別。而孩子那些難以閱讀的筆跡，並不歸咎於寫字的技巧或是文書用具的使用不當，大體上，可歸納於下列三個原因：

一、孩子很聰明且思路敏捷，一筆一筆的寫法對他們來說實在是太慢太納悶，所以他們不自覺地將部分字形簡化，寫得較潦草，他們並不在乎其他人是否看得清楚他的字。寫字是協助思考的其中一項程序，而思緒就隨筆尖流出來，想清了就覺得滿足，至於字能讀與否並不在考慮之中。

二、孩子的自信心不足和怕失敗，產生無形的壓力與焦慮的情緒，為免給父母責備功課做得不好，所以寫得模糊一點，就算得分不高，也只是因為他的字寫得難讀而已。

三、專注力不足，使孩子忘記怎樣才可以將字寫得清晰易讀，這類孩子寫每一行字時，多呈現彎彎曲曲的波浪形。

總括而言，不同字跡的出現都有其背後存在的腦部資訊密碼與情緒意義，孩子是需要多加鼓勵，父母一字一言對他們來說極其重要，所以當遇上潦草字跡的孩子，請讓他們自由發揮，建立自信，或許有一天會發現，他們是隱藏的聰明一族。

右圖是那位小客人寫給我的手稿，你能清楚看見他寫甚麼嗎？如果大家仍記得我在前文說過，字可分為上、中、下三個區域，等同人的頭、身及腳三部分，在我來看，這位小客人的字的上區域及下區域是很清淅的，只是中區域比較混亂。單從字面上看，字的上區域較長、下區域為次，可以看出他是一個很有自己的想法和見解的人，有運動細胞，對數字的敏感度較高；不過中區域部分較細，顯示他並不太注重日常生活的細節，亦未清楚怎樣將自己的想法實行而顯得有點不安，父母或老師可多加鼓勵協助，參加戶外運動讓孩子輕鬆地「放電」會是不錯的選擇。

I like playing tennis at weekends.
I sometimes play basketball with my friends.
I always go swimming when the weather's hot.
I seldom go cycling I get frightened a lot
After doing my homework I seldom watch TV
I prefer to read a while when I'm free
I don't collect coins or them — that's barmy
I don't like dancing and I never sing.

以正向思維，解決孩子的不安感。

孩子的天空

誰家父母不渴望了解孩子的心事？打從孩子出生，父母便開始忙於為孩兒各樣籌謀，本着愛，希望子女快樂地成長，亦期望他們將來所行的道路更順暢。曾經有父母寄來兩歲孩兒所畫的圖畫，希望我能分析孩子的性格傾向與天賦才能。老實說，兩歲的小朋友並未能好好控制手部的小肌肉，能畫的也只是簡單的線條，我只可能從簡單的線條，考慮孩子使用左手、或右手、或左右手一起使用的情況，甚至看看他們畫圈與線的能力作評估，能分析的確實有限，成長路漫長，父母不用太早為孩子擔心。

到孩子年長一點，能寫能畫，就較易做分析，當然孩子的字會隨着年紀不斷轉變，例如他們遇上能影響他們生命的

人，因為喜歡「偶像」的個性，於是會模仿他們的字來學習，所以不同階段的孩子，筆跡分析的關注點並不相同。

找來了兩位八歲小學生共同創作的「字畫」，與各位分享。整張畫紙填得滿滿，單看字的內容，顯得可愛，但又好像不太明白！於是我在未做筆跡分析前，便找她們來訪問一下，答案卻是一個「趣」！

這張畫紙畫的是一個 YouTube 影片，首先，心形的「多春魚」、星形的「魚蛋」等，是電腦的登入密碼，不同符號是因為保密程度較高。登入後，即可從 YouTube 找到她們的劇本播放，主角當然是她們二人。例如有「做假警察和假救護員」，她們飾演角色，並非真實，是謂之「假」，圖畫畫的就是播放中的畫面。我再追問她們為甚麼要扮警察和救護員，是因為作文題目「我的志願嗎？」非也，原來當時無綫電視翡翠台正在播映《跳躍生命線》，講述救護員的工作日常，她們每晚都追看，所以希望拍攝一部一模一樣的劇集，在自己的頻道上播。

天真無邪的心，在聖誕節為人們帶來了歡樂，就是這樣的簡單。細看畫中的字，「安靜」、「多謝」、「禮物」、「快

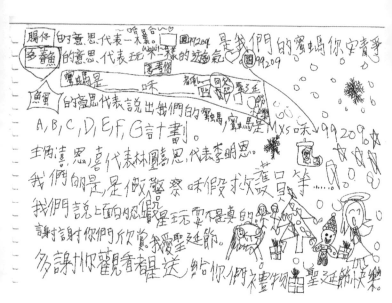

孩子繪畫心中的 YouTube 畫面

樂」等字較大，在她們心中，這就是聖誕節的重要訊息，
手繪的星星表達了夢想與希望，似乎她們十分滿意這個
YouTube 劇集。

回想八歲那年，你在做些甚麼、畫些甚麼呢？相信當年還

未有 YouTube 吧！

這幅畫，讓我想起以前一個銀行廣告的口號，印象中是
「今日你是他的全部，明天你走不進他的世界，未來要一同
成長。」為人父母者，要學習從他們的角度看事物，才能
明白他們的世界。努力！

彩色的天空

偶爾在臉書上，看見朋友轉發關於一位患有罕見疾病的女孩 Kate 的消息，見到她所畫的圖畫的相片，相信沒有太多人會看出這些畫作是來自一位患上肌肉營養不良症的兒童。這位現年十歲的小小藝術家，她的畫作曾在出生地莫斯科展出。

Kate 在出生後三個月開始發病，到四歲才正式確診為肌肉營養不良症，病因可以是遺傳或基因突變，導致細胞內缺乏一種酵素，使肌肉逐步壞死。現在 Kate 已不能走路、抬起頭顱、提起雙手，甚至呼吸也要借助機器；不過，這一切並無損 Kate 對藝術的熱情，即使她躺在床上，依然用那雙仍能稍動的小手，一筆一筆去完成那些色彩斑斕的圖

畫，各位可從她的臉書專頁（Kate Artist @ekaterinapainter）看看她的畫作。

看着 Kate 繪畫的情景，讓我想起了十九世紀初筆跡學的發展，正如前文曾經提及，當時一位在德國工作的生理學家針對失去手部主要功能的人士進行研究，這批人為了溝通與寫作，用剩下的一隻手，或是用口，甚至用腳來執筆寫字，經練習後，他們寫字的模樣與原先健全時並沒有很大的差異，所以得出的結論是寫字其實是腦部寫作，並非用手，一切也是腦部功能的安排。

再說 Kate，她的肌肉日漸轉弱，執筆的方式亦因而變得與一般人不同，她坐不穩，繪畫時用上左手，並將身體躺在地上，為了能操控畫筆，她的手腕彎曲約九十度，只用上第三與第四隻手指輕傍着筆桿，再移動手臂繪畫。同時，她的頸部插着幫助呼吸的喉管，由於她是躺着側身畫畫，眼睛亦只能斜斜注視在畫紙上，這樣畫畫困難嗎？至少我覺得是，我曾經提及坐姿是書寫重要的一環，我們寫字時，雙眼要看清紙上可用的空間，Kate 側躺而畫，看得清楚嗎？

人類是聰明的動物，腦袋擁有無限潛能，科學家仍在發掘中。不過從 Kate 的作品所見，她畫的畫確實與常人無異，她的腦袋為了發揮她內在的天賦，自動將身體調校，讓她自由地表達心中所想。孩子的潛能，絕對不容忽視。

神回覆

美國一個九歲男童傑克（Jack Davis）看到美國太空總署（NASA）的招聘廣告，親筆寫信到 NASA，應徵「行星保護員」的職位，沒料到得到 NASA 的神回覆！難道是傑克的誠意感動了 NASA？

傑克的求職故事，被國際傳媒廣泛報導，各位可在 NASA 的網站上，清楚讀到傑克的來信（"Planetary Protection Excites Space Fans of All Ages"），信中他清楚表明自己適合做「行星保護員」的職位，原因是他姊姊說他是一個外星人，而他亦看過所有與太空及外星人相關的電影，包括《神盾局特工》（Marvel Agents of S.H.I.E.L.D），亦是電競高手，最重要的是，他年輕，可以學習跟外星人溝通。雖然

他只是一個九歲的孩子，但寫起求職信來，卻有板有眼。

細看他的字，內容前段的字的行距、大小、行的斜度向上、清楚寫出下款自稱是銀河保護者，表現出他為人認真、有承擔及自信，亦很樂觀地展現着他期待參與具挑戰性的職責，故此認為自己定可適合這份工作。不過在後段解釋原因時，他寫出來的字越來越小，行距與字距顯得有點混亂，可能是原因太多不知如何盡訴，或是在懷疑這些經驗是否足夠。

NASA 的行星科學部主管發信多謝傑克的申請，並詳細解釋行星保護員的職責，表明 NASA 永遠歡迎未來的科學家參與其中，所以鼓勵傑克要努力讀書，希望將來在 NASA 見到他。而 NASA 的行星研究主管亦親自致電鼓勵傑克。

大家有否想過？NASA 看似簡單的回應，對一個孩子而言有更深遠的影響，在心理學上，這叫「自我實現預言」（Self-fulfilling prophecy），即自我信念影響行為的出現，讓預言成真。這是由美國社會學家羅伯特・金・莫頓（Robert King Merton）提出的，他認為一個人預言他人的行為，無論正確與否，均會直接影響對方的想法與行動；

而被預言的人潛意識下會因循預言者的想法而行動，促使該預言成真。因此，如果預言他人成功，他人便成功，反之亦然。

自我實現預言同樣可以套用在傑克的求職申請上。九歲的傑克當然未能夠擔當這份工作，在他的筆跡中亦明顯地看見他也覺得自己未有足夠的資格和經驗加入 NASA，所以有點擔心。不過 NASA 的來信回覆及直接致電傑克，使傑克相信他將來定可加入 NASA，促使傑克朝着這方向更加努力讀書，待他日有足夠的學歷與資格，便可志願達成。不用多說，NASA 的兩位主管肯定在傑克心中佔據了很重要的地位，無形地推動着他朝目標進發。各位朋友，請不要吝嗇對孩子的正向鼓勵，你或會是他生命中其中一位重要的人生教練。

後記

我與你相知相交的秘密

在研習筆跡學的過程中，我切身處地感受到，如何運用筆跡分析協助人際關係上的轉變，俗語有云：「死性不改」，學習了筆跡分析的方法，明知人的性格是如此，那又如何？

我的學生曾問及能否更改筆跡來改善性格，我的回應是正面的，不過並不可能有太大的改變，只能慢慢循序漸進地改，而且每個人都有自己的基本性格，屬於獨一的你，那是由你的個人成長經歷中磨練而來，「本性」確實是有點「難移」！

既然如此，從筆跡中認識人家的性格，又有何用？我的想法是，我們不可能改變他人或自己的核心性格，但我們可以調節自己的心態與改善待人處事的態度，所謂「態度決定一切」，就是如此。在筆跡分析上，又如何運用？

多年在商界打滾與研習筆跡學的經驗，讓我明白到，你總

會遇上不同的人，有的合作愉快、有默契、容易交心成為朋友，有的要避之則吉，也有一句「Hi」又一句「Bye」的，無論你喜歡與否，總要遇上，始終你不是在孤島生活。

通過認識基本的筆跡分技巧，可從大方向簡單地明白一個人，例如性格外向或內向、思想模式、與處理人事的方式等。他人的性格，我們不能改，但我們可以調節自己的心態：

一、明白並接受，之後不能自怨自艾；

二、放下，即轉身而走，頭也不回；

三、處理，改變態度與處理的方式。

就讓我使用以下兩份手稿，分別詳盡闡述怎樣處理。

A 的字大小屬中大，斜度靠左，方向一致，字母之間的距離與字距、行距是很密集的，字的中區域較大，很清晰亦很整齊，表現了書寫者處事細緻且井井有條，每項事情、每個程序都要清清楚楚，性格外向友善，愛說話且有話實說。

This morning I woke up at 6:45am.
The weather is fine and the temperature
is high. It's a shiny ~~weath~~ weather.
I went jogging for 30 minutes. fell good.
Take breakfast after the wash. I ate
a bread. a piece of mango and two pieces
of pineapple. Then. go up the room and pack
up. We left at 9:30am. It took half
an hour to go to the airport. We are very
eager to get ice-cream. Everybody is so
excited. I paid Peso 680 for a box of
1.5 litre of ice-cream. Isn't it great.
They packed the ice-cream with dry ice.
wrapped up with newspapers. put it inside

A 的字

239

Before attending client meeting,
please bring along with
folder number one

During the meeting session,
record all the meeting
steps.

Thanks!

B 的字大小屬中，斜度具彈性，在正中與微靠左之間，字距、行距與四邊的邊緣很濶，字的中區域很少，上區域與下區域較大，至於書寫人寫甚麼並不容易看清楚。從這樣的字看來，書寫者聰巧敏慧，才思敏捷，在他預算之內的事，定能做到，可說是目標為本，然而對於個人空間的需求甚多，亦不善交際。

如此兩個南轅北轍的人，走在一起會如何呢？首先，我們要知道的，是他們所擔當的角色。

一、A 是太太，B 是丈夫

難得一連五天的公眾假期，太太 A 一早已安排好與丈夫到東京旅行，丈夫 B 工作繁忙，假期的安排當然由太太 A 負責。以 A 的筆跡所顯示的性格，太太 A 應該會早早安排妥當，早機去，晚機返，亦會用上記事簿清楚又細心地記錄（以小時為單位）的旅行計劃；以太太 A 的性格，應該每天也會有不少的購物時間，追趕每日預先計劃的行程是太太 A 非常樂意的事。

丈夫 B 一直為工作忙個不休，所以很希望外遊時間好好休息，以 B 的筆跡顯示丈夫 B 很需要寧靜的個人空間，對他來說旅行是輕輕鬆鬆的，最好是睡到自然醒，然後隨便外

出逛逛、喝個茶、吃件餅，就可以是一天。

丈夫 B 與太太 A 到了東京，看到太太 A 的行程，你猜想會可能出現甚麼反應？

情況一：丈夫 B 問太太 A：「你有冇關心過我？平日我已經冇休息過，去到東京都要咁辛苦？」；
情況二：丈夫 B 默不作聲，一切聽太太 A，但暗裏並不開懷；
情況三：丈夫 B 並不跟隨太太 A 一早計劃好的行程，太太A 埋怨丈夫 B 不了解她的心意。

無論是以上哪一種情況，雙方的溝通或有暗湧，往後的日子將會過得怎樣？

這種情況，一般很少出現於初相識或新婚時那段甜蜜而動人的時光，大多個案都是相處多年，習慣了又遺忘了的情況下而出現，正所謂「三年之痛、七年之癢」，從基本的筆跡分析中，提醒雙方那早已忘懷的真心，亦同時直視自己的內心，要怎樣協調雙方的關係才可以更進一步？同樣，亦是態度定勝。

二、A 是上司，B 是下屬

A 要求的是程序與細緻度，B 要求的是要快做到，當二人一起工作，B 可能覺得自己已經做得快而準，為甚麼 A 還是要挑挑剔剔、問長問短，一口怨忿困在心中，但 A 又從來不覺得自己有問題，工作程序是要知道的，目標達到與否並不在關注之列，所以並不會明白 B 為甚麼會不高興。

旁觀者定能一眼看清，這是觀點與角度的問題，想想看怎樣去解決 B 的不快？

方案一：為了生活，B 繼續忍下去；
方案二：B 選擇離職；
方案三：B 改變策略，重新定義對「目標」的看法，在這個個案中，「目標」並非是完成工作，而是改善自己與上司的關係，由於 B 明白到上司需要的是「程序」，將目標調整，改善與上司 A 的關係。

怎樣的選擇，為人際關係定下不同的結果，決定權永遠在你手中，你才是最終的話事人！

三、A 是下屬，B 是上司

心水清的朋友或許會認為，若 B 是上司，A 是下屬，這個配搭，應該較完美吧！因為 B 思考敏銳，行動快捷，為人

做事有計劃及有目標，不拘小節，實乃領導之材，為上司不二之選。反觀 A，為人友善，具社交手腕，處事井井有條，若由 B 為公司策劃並帶領計劃，並由 A 執行細節，那豈非完美的配搭？

不過我認為，事情是有可能變成這樣的：A 老是向其他同事埋怨着 B 做事無條理，工作指示不清淅，但又要 A 全力追趕死線，要跟 B 做事，確實難捱。這些相類似的說話，有似曾相識的感覺嗎？

人非十全十美，B 為人聰敏，但在細節及生活日常上，並不關注，亦不善處理，然而工作夥伴 A 卻甚有要求，這樣的安排下，又演變成另一個死局。

其實，我們學習筆跡技巧，並非單單是要認識「對象」是怎樣的一個人，最終讓你知道了，那又如何？人與人之間的交流，並無一個凹、一個凸的絕配，兩人的相遇是互相的學習，與心態的調整，能昇華至「放下」那「性格配合不來」的概念，找個正面又讓自己愉快的合作方式，這才能將筆跡分析，用得其所。

所以，筆跡學這門專業，讓專家們從書寫者的筆跡中所留下的線索，以系統化的方法解讀腦袋給我們的潛訊息，解

構書寫者過往的經驗，以至如何形成今天的性格，面對生活的矛盾與困難時可以如何解決。當然，這些深入的個人資訊，是要由受過專業訓練的專家，以及一段時間慢慢去處理書寫者不同時期的分析，才能做出詳細的報告。

我希望大家能通過這本書，了解筆跡分析的應用之同時，又能認識到簡單、基本的筆跡分析技巧，簡略地了解家人、朋友、工作夥伴等等的個性，為雙方的溝通打開方便之門，讓人際關係更和諧，達至雙贏的局面。

你有多久沒寫字？

原來筆跡能反映你的個性！

林婉雯　著

責任編輯	周怡玲
書籍設計	姚國豪

出　　版	P. PLUS LIMITED
	香港北角英皇道四九九號北角工業大廈二十樓
	Joint Publishing (H.K.) Co., Ltd.
	20/F., North Point Industrial Building,
	499 King's Road, North Point, Hong Kong
香港發行	香港聯合書刊物流有限公司
	香港新界荃灣德士古道二二〇至二四八號十六樓
印　　刷	美雅印刷製本有限公司
	香港九龍觀塘榮業街六號四樓A室
版　　次	二〇一九年七月香港第一版第一次印刷
	二〇二三年六月香港第一版第三次印刷
規　　格	三十二開（115mm × 188mm）二四八面
國際書號	ISBN 978-962-04-4492-0